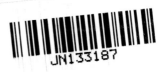

小学校英語のための スキルアップセミナー

理論と実践を往還する

鈴木　渉・西原哲雄［編］

板垣信哉・御園和夫・冨田かおる・松坂ヒロシ
米倉　綽・西原哲雄・八木克正・高橋　潔
酒井英樹・内野駿介・鈴木　渉・竹森徹士
根本アリソン・安達理恵・山野有紀・坂本ひとみ
［著］

開拓社

はしがき

宮城教育大学では，2016年から2019年にかけての3年間の12月下旬の3日間，宮城教育大学の英語教員と様々な分野での著名な外部講師の招聘によって，文部科学省「英語教科化にむけた専門性向上のための講習の開発・実施事業」の受託を受け，宮城県教育委員会・仙台市教育委員会の協力のもと，「小学校英語の授業に生かせるスキルアップ講座」を開催していた．

内容は，小学校の英語担当教員等を対象としており，小学校英語における音声，語彙，文法，異文化理解，英語コミュニケーションや，英語科教育法などの科目が開講されており，それぞれの科目は小学校教員が講習内容を理解しやすいように，基本的には，各科目は，理論（英語学・言語学的基礎）と実践（*Hi, friends!*，*Let's Try!*，*We Can!* などの内容に基づく）の2つの講習内容から構築されていたので，3日間の講習の受講によって，小学校英語教育に求められる，基礎的な語学力や授業の実践力の拡充がなされるようなプログラムが組まれていた．

本書は，上記で行われた「小学校英語の授業に生かせるスキルアップ講座」で開講された講習内容をもとにし，さらに講習では実施されなかったが，第二言語習得や発展的な異文化理解などの内容を，外部のこれらの内容を専門とする講師陣に執筆を依頼したうえで，1冊の書籍としてまとめたものである．

したがって，「小学校英語の授業に生かせるスキルアップ講座」を受講できなかった小学校教員の方々の手引書としていただくとともに，講習に出席した方々にとっても再度，講習内容の復習とさらなるご自身の小学校英語教育における語学力や実践力の向上の手助けとしていただきたい．

なお，本書は，序章と6部門にわたり，小学校英語教育に携わる小学校教員等の方が英語の語学知識（英語学・言語学）と英語の指導方法（英語科教育）の両方の分野を学ぶ際に，2つの分野での偏りのなく，各部門で2つの分野の関連付けをしながら，すなわち「理論と実践の往還」ができるように構成したつもりである．したがって，本書内のそれぞれの各部門が，「理論」と「実践」という章から構成されているのはそのためであり，どの部門から読み始めていただいてもよいように配置されてはいるが，できる限り読まれる部門では，「理論」から「実践」と読みすすめていただければ，より内容を理解しやすいものとなっているように，努めたつもりである．

最後に，本書の各章への様々な分野からの寄稿者に感謝するとともに，企画段階から編集作業の細部にいたるまで，開拓社の川田賢氏から多大なるご助力をいただいたことに感謝し，心からの感謝の意を表したい．

2019年5月吉日
鈴木　渉・西原哲雄

目　次

第 I 部　音声

第 II 部　語彙

第 III 部　文法

第 V 部　英語文学

第 VI 部　異文化理解

序　章

小学校英語教育概論

板垣信哉
（尚絅学院大学）

小学校外国語教育には多くの期待と同時に，危惧・疑問の声が聞かれる．例えば，「活動あって学びなし」「慣れ親しみは分かるけど，チャンツやゲームばかりでなく，英語をしっかり教えてほしい」「本当に複数形の -S を教えなくもよいのか」等をよく耳にする．そこで，これらの危惧・疑問に答える主旨で，本稿では以下の論点において，小学校英語教育の知識論の考察を進める（詳細：板垣・鈴木 2011, 2015, Itagaki in press）．

1.　外国語教育の知識論：「意味」と「形式」の対応

外国語（英語）学習は，「意味」と「形式（英語表現）」の対応関係の根底となる言語知識を身に付けることである（知識の運用処理は論考対象としない）．つまり，意味をどのような語彙・構文として表現するか，また，言語表現（語彙・構文）をどのように理解するかの認知スキルとして捉えることが，認知心理学の立場である．そして，言語知識がその対応関係の基礎をなすと仮定できる．小学校英語教育と中高等学校英語教育で，その指導のあり方，言語材料，および学び方が異なり，結果として，児童生徒が身に付ける言語知識が質的に異なることが考えられる．この言語知識の相違を踏まえることが，小中高等学校のそれぞれの教材と指導方法を考える上で，必要不可欠である．したがって，小学校英語教育では，言語活動を通して，英語に慣れ親しみ，意味と表現の対応関係を「知らず知らずのうちに学習していく」

ことが基本となる.

2. 小学校英語教育の目標：暗示的指導と暗示的知識

小学校英語教育（・活動）の目標は「暗示的知識（implicit knowledge)」(例：「どこかで聞いたこと／見たことある」「なんかこんな意味かな」「スペルはこんな感じかな」）であると考えられる．言語知識は統語，意味，語用，音韻，音声と多面的であるが，小学生児童は通常，それぞれの言語構造と規則に関する暗示的知識の学習を目指すことになる．つまり，小学校英語教育では，それぞれの英語表現の構造・規則の分析・把握を指導することではなく，児童は言語活動を通して，言語表現に「慣れること」と「真似ること」を目指すことになる．結果として，児童の多くが言語表現の「例示（exemplar/usage)」に基づく言語知識を構築することになる．なお，例示の記憶に基づく言語知識は一般に，暗示的言語知識と考えられ，その特徴は，①言語表現の構造・規則の意識的理解・把握（英語の明示的知識）を伴わない，②実際の言語活動（理解と発話）において，その記憶アクセスと応用・利用は比較的円滑に行えることである．したがって，小学校英語教育では，言語活動を通して，意味と表現の対応関係の具体的な例示にできるだけ慣れ親しむことで，記憶ベースの暗示的知識を蓄積することを目指すことになる．更に，中高等学校の英語教育では，言語構造（統語，意味，語用，音韻，音声，など）に関する分析的な「明示的知識（explicit knowledge)」を徐々に教授・学習し，その運用練習（言語活動）を指導することになる．

3. 暗示的知識：定型表現の知識蓄積

暗示的知識（記憶）をなす言語表現の例示として，「定型表現（formula/formulaic sequence)」を仮定することが妥当である．小学校英語教育で扱われている教材の多くは定型表現であり，具体的には次の２つのタイプの定型表現を前提にすることができる．①「チャンク（chunk）／ユニット(unite)」：語彙・単語の単位として学習され，実際に理解・発話される定型表現（例：“How are you?” “Nice to meet you.” “You are welcome.”），②「パターン（pattern）」：定型要素と非定型要素からなる定型表現，例えば，“How are you?” に対する “I’m/I am (fine, sleepy, hungry, …)” では，“I’m/I am …” が定型要素で，“fine, sleepy, hungry, …” を非定型要素と捉える．更に，“Good (morning, afternoon, evening, night)” “What (food, animal, subject, …) do you like?” “What’s (it, this, that, …)?” “I want to be a (teacher, nurse, fireman, baseball player, …)” 等が挙げられる．ここでは，括弧内が非定型要素で，その他が定型要素となる．小学生児童に求められていることは，定型表現に慣れ親しみ（円滑な想起・操作），定型表現を創造的に操作する言語活動を行うことである．

4.　言語知識の精緻化：定型表現依存型運用から規則依存型運用へ

小学校の英語教育と中学校英語教育の接続の課題は，定型表現依存型運用能力（暗示的知識ベース）が規則依存型運用能力の養成にどのよう結びつくかである．ここでは，定型表現と文法学習に「連続性」を仮定し，児童生徒が定型表現を実際に理解・発話しながら，内部構造の直観的・暗示的把握から，徐々に意識的・明示的・抽象的な文法知識を身に付ける道筋を想定する．上述の “I am (fine, hungry, …)” であれば，明示的知識として「主語＋動詞＋補語」「主語と動詞の一致」「肯定文」「形容詞補語」等の文法規則を学習することになる．その結果，定型表現依存型の運用能力・創造性から文法規則依存型の運用能力・創造性への熟達化が期待できる．具体的な知識構築メカニズムとして，「帰納（induction）」「類推（analogy）」「般化（generalization）」「ブートストラップ（bootstrap）」等が考えられる．

5.　結語：小学校外国語の「学び」

以下の3点を結語とする．「活動・体験からの学びはあり得る」であり，その「学び」の「質」を理解することが重要である．「ゲーム，チャンツをしっかりと指導していることで，英語を指導している」ことになり，「体験型の学び」が第一歩であることを認識する必要がある．「インプットで複数形を繰り返し呈示することで，複数形の -S を指導している」と理解し，インプットからの「学び」を重視することが必要である．

参考文献

板垣信哉・鈴木渉（2011）「英語コミュニケーション能力の「素地」と「基礎」— 第二言語習得の熟達化理論に基づいて —」『小学校英語教育学会紀要』第 11 号，19–24.

板垣信哉・鈴木渉（2015）「小学校外国語活動と中学校外国語教育の接続 — 言語知識と記憶理論の観点 —」『JES Journal』第 15 号，68–82.

Itagaki, Nobuya (in press) “Assuring Quality Learning Outcome on Primary to Tertiary English Education in Japan: Focusing on the Notion of Foreign Language Proficiency,” *JACET International Convention Selected Papers*.

第Ⅰ部

音声

第１章

音声の理論

御園和夫・冨田かおる
（関東学院大学名誉教授・山形大学）

1. 小学校英語の「音声」

英語の「音声」に関しては，小学校外国語学習指導要領高学年（5，6 年）外国語科「英語の特徴やきまりに関する事項」の「ア 音声」の箇所で，以下のように述べられている．

(ア) 現代の標準的な発音
(イ) 語と語の連結による音の変化
(ウ) 語や句，文における基本的な強勢
(エ) 文における基本的なイントネーション
(オ) 文における基本的な区切り

小学校中学年（3，4 年）では「英語と日本語の音の相違」に気づかせることを最初の目標としている．中学年，高学年とも，目標とするところは，いずれも「主体的に外国語を用いてコミュニケーションを図ろうとする態度を養う」となっている．なお，これは中学校の目標でもある．

本章では，以上の観点を踏まえ，また，コミュニケーション能力養成にはまずは発音から，という見地より，英語の授業で必要とされる音声指導に関わる項目について論ずる．

取り扱う項目は，大きく，個々の音（母音，子音）と，それにかぶさる統合要素（リズム，強弱，音の脱落，イントネーションなど）になるので，その順に解説していく．

なお，指導に当たっては，繰り返し指導することは当然であるが，単なる発音指導で終わることなく，言語活動の一環として行いたい．発音と聞き取りは表裏一体の関係にあることを常に念頭に置いておく必要がある．発音し分けられない音は聞き分けられないと思ってよい．その逆も真である．

2.　発音のしくみ

音声は，話し手の意志に基づき，脳から指令が出され，それにより肺からの流気（気息）が声帯を通りぬけ，口腔ないしは鼻腔を経て発せられる．発音器官の全体像を図 1 に示す．

発音をするには 3 つの要素，つまり，肺での Initiation（始動），のど（咽頭）での Phonation（発生），及び，声道内で流気を操作し，特定の音を生成する Articulation（調音）が基本となる．

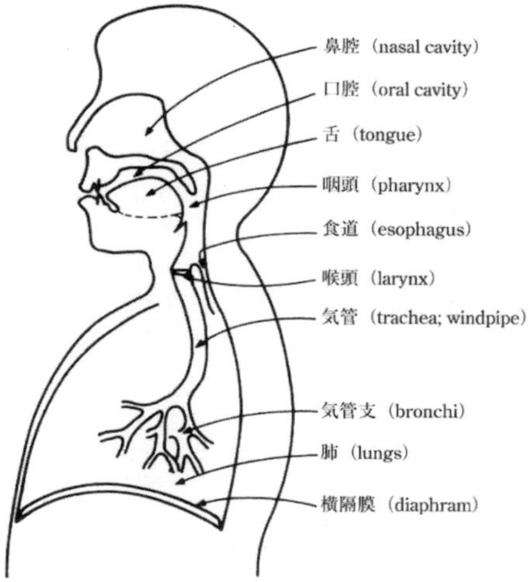

図 1　発音器官の全体像

音の生成に重要な役割を果たす声帯（vocal cords）は，のどぼとけのところにある咽頭（図 1 参照）の中央に位置し，多くの筋肉に囲まれた発生装置である．声帯には筋肉でできた 2 本の帯（folds, bands）があり，その隙間を肺からの流気が通過する際に生じる振動によって音が出る仕組みになっている．声帯の隙間を「声門」(glottis) と言い，具体的には，この声門の開閉によって音声が生じる．

声帯が振動することによって「有声音」(voiced sound) が生じる．母音ア，イ，ウ，エ，オ，子音の b, d, g, v, z などは有声音である．これらの音を出しながら，のどぼとけの部分を手で触れてみると，声帯が振動していることが感じられる．一方，p, t, k, f, s などの「無声音」(voiceless sound) では声帯振動は感じられない．

声帯の振動の仕方で，また，振動回数により，物理的には周波数に違いを生じ，ピッチ（高低）やイントネーション（抑揚）の相違を作り出す．

声帯を過ぎてから，口腔ないしは鼻腔を通り唇，あるいは，鼻孔付近までの息の通り道を「声道」(vocal tract，または，supraglottal tract) と言い，その声道内（主に口腔内）で舌や唇などで音を調整して出す操作を「調音」(articulation) と称する．その一般語が「発音」である．

英語の変種について一言言及しておく．現在は 'World Englishes'（世界の英語たち）などとも言われるように，世界ではいろいろな英語が聞かれる．ここでは「現代の標準的な発音」を対象とする．具体的には，アメリカ英語，イギリス英語，オーストラリア英語などが浮かぶが，現行の多くの教材（付属音声教材を含めて）で主な対象としているアメリカ英語発音を基本とし，必要に応じて，イギリス英語などの発音にも言及する．ただし，基本的には，どの英語の変種にも偏り過ぎない「標準的」な英語の発音をめざしたい．

3. 英語の母音

英語の音声は，大きくは，「母音」(vowel) と「子音」(consonant) に大別される．ただし，そのどちらにも属さない「半母音」(semivowel)（[j] yes, [w] wind）も存在する．

日本語の 5 母音「ア，イ，ウ，エ，オ」に対し，英語は数が多い．英語の母音は，後述の通り，「単母音」と「二重母音」に大別される．三重母音を追加する場合もある．

3.1.　母音を発音する際の舌の位置及び形状

英語の母音の指導は思うほど容易でない．理由は，子音と異なり，「接触」がないからである．例えば，子音 [l] のように舌先を上歯茎につけて，即ち，接触させて発音する，というような指導ができない．そこで，図2におけるように，口腔内での舌の位置・形状に注目してほしい．なお，図2で口腔と鼻腔の間にある部分は口蓋（palate）と呼ばれ，歯茎に近い部分を硬口蓋（hard palate），奥のほうを軟口蓋（soft palate）と称する．軟口蓋の先端は口蓋垂（uvula）で可動式になっており，図のように後ろの壁に向かって閉じると，肺からの流気は口から出る．一方，口蓋垂が下がって，隙間ができると流気は鼻腔に流れ，鼻から出る鼻音（子音）となる．

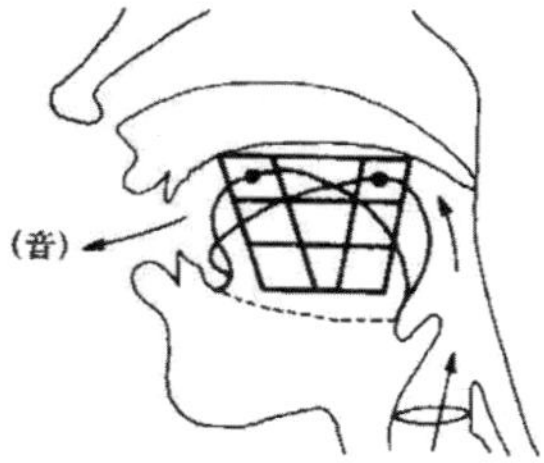

図2　口腔内断面と舌の位置

英語の母音を発音する際，舌は口腔内のどこにも接触しない．したがって，学習者は指導者または音声教材からの音を基に，聴覚に頼りぎみになる．とはいえ，指導者は，口を大きく開いて，とか，口をもう少し閉じて，というような指導はする．その際，指導者は口腔内での舌の働きを十分に認識したい．一般に，母音の音声は舌の一番高くなる位置がどこにあるかで音価，すなわち，音質が決まる．

図2は口腔内に母音を発音する空間を想定し，舌の一番高くなるところが，上，かつ，前になると「イ」([iː], [ɪ]) に，上で後ろになると「ウ」([uː], [ʊ]) になることを示している．この仮想空間を取り出したものが図3，4である．

3.2. 日英両語の母音体系の比較

母音指導に当たっては，まず，日本語と英語の母音体系の相違を頭に入れよう．図3と4は，上述図2の口腔内の母音空間を想定したものである．日英両語の母音の数の違いは一目瞭然である．

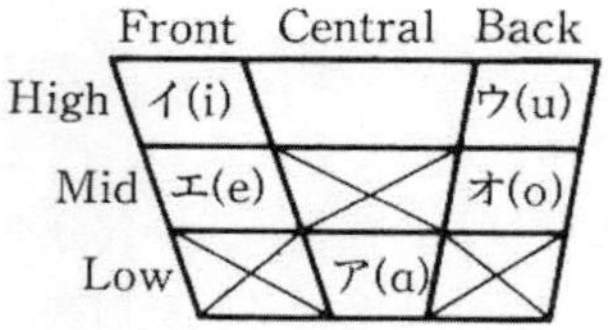

図3　日本語の母音

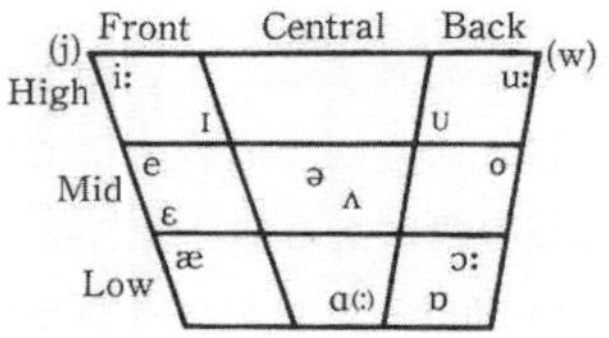

図4　英語の単母音

(High：上，Mid：中，Low：低；Front：前，Central：中央，Back：奥，(j)，(w)：半母音) ɒ＝ɔ

図3で×印は，日本語では使用しない領域である．この領域に存在する英語母音には特に気を付けたい．図4で奥母音（Back）は唇を丸めて発音する．日本語の5母音はどれも円唇化は起こらず，いわゆる，平口で発音する．

3.3. 英語母音一覧

3.3.1. 単母音

・高母音　[iː] eat, see,　[ɪ] English, sing
　　　　　[uː] blue, school,　[ʊ] book, good
・中母音　[ʌ] onion, study,　[ə] again, hello
・低母音　[æ] apple, cat,　[ɑ] hot, watch,　[ɔː] August, walk

舌の位置が下がるほど，即ち，低母音ほど口の開きは大きくなる．この分類は，前後を基準にすれば，前舌母音，中舌母音，奥母音のようにも分けられる．

変種により母音発音の異なる場合がある．

・[米 æ，英 ɑː]：ask，after，half，laugh，dance，last，aunt，など．
・[米 ɑː，英 ɔ]：office，honest，doll，fog，hot，など．

なお，図 4 では国際音声記号（IPA）の [ɒ] を用いてあるが，日本の英語学習辞書ではふつう [ɔ] を用いている．この音は，アメリカ発音には現れず，英発音で，hot，watch などの母音として生じる．

3.3.2.　単母音に r が後続する場合

[ɑː*r*]：art，car；[ɔː*r*]：corn，sport；[əː*r*]：girl，world；[ə*r*]：color，tiger

米発音では r はどの位置にあっても発音されるが，英発音では，語尾ならびに子音の前では r は発音されない．したがって，car は英発音では [kɑː] と発音される．結局，これらの r は発音してもしなくてもよい．そのため，発音記号の r はふつうイタリック体で表記される．

3.3.3.　半母音 (semivowel)

[j]（year）と [w]（woman）の 2 つである．これらは母音の [iː] と [uː] に音価は似ているが，音節を作れないなどの理由から，半母音と称される．「接近音」(approximant) とも呼ばれる．機能は子音である．

3.3.4.　二重母音 (diphthong)

二重母音は発音中に舌が，ある場所からほかの場所へと渡っていくことにより生じる母音である．図 5，6 を参照されたい．

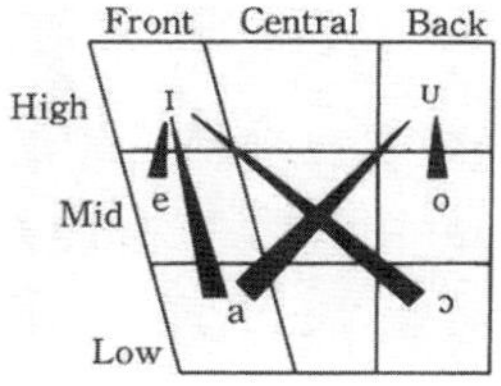

図 5　上昇（上向き）二重母音

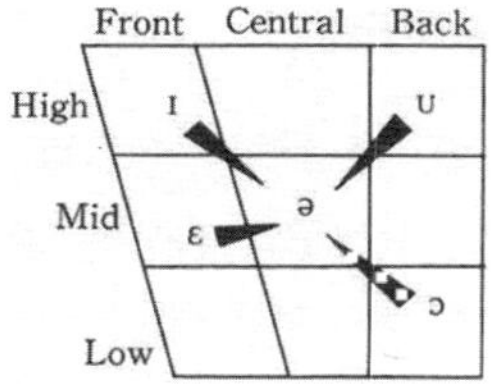

図 6　集中（中向き）二重母音

例えば，eye [aɪ] などである．表記は出発点と目標点の 2 音を記述する．記号は 2 つだが，あくまで一つの音である．最初が強めで，目標点に向かうにしたがって弱くなる．

渡る方向から，上に向かう「上昇（あるいは，上向き）二重母音」と，中央に向かう「集中（あるいは，中向き）二重母音」に大別される．

・上昇（上向き）二重母音：[eɪ]（April），[oʊ]（go），[aɪ]（ice），[aʊ]（out），[ɔɪ]（boy）

なお，[oʊ] は英発音では [əʊ]（または，近年 [ɔʊ]）で発音される．

・集中（中向き）二重母音：[ɪə*r*]（ear），[eə*r*]（air），[ʊə*r*]（poor）

現在では poor の母音 [ʊə] は英発音では長音化し [ɔː] に，[ɪə] は [iː] に，[eə] は [eː] に代わられることがある．また，[ɔə] はかなり以前に [ɔː] に代わられている．

3.3.5. 三重母音 (triphthong)

[aɪə*r*]（fire），[aʊə*r*]（hour, tower），[eɪə*r*]（player），[ɔɪə*r*]（employer）

ただし，普通に発音すると，それぞれ，三重母音の中央の母音は省略される．したがって，fire では [faːə*r*] のようになる．また，そもそも，この母音連続は二重母音 [aɪ]([aʊ], [eɪ], [ɔɪ]) と単母音 [ə] の組み合わせととらえる見方もある．

4. 英語の子音

日本語の「カ（ka），キ（ki），ク（ku），ケ（ke），コ（ko）…」で言えば，最初の音 [k] が子音である．英語の子音は２つの要素により分類される．肺からの流気が各発音器官で妨げられる，あるいは，せばめられる位置，即ち，「調音位置」(place of articulation) と，その流気がどのように妨害，または，せばめられるかの「調音様式」(manner of articulation) による．

4.1. 破裂音 (plosive)

[p] pen, [t] ten, [k] cup ; [b] big, [d] desk, [g] get

4.2. 摩擦音 (fricative)

[f] fun, [v] very ; [θ] three, [ð] the ; [s] soup, [z] zoo
[ʃ] shop, [ʒ] leisure (調音位置：硬口蓋・歯茎, 調音様式：摩擦)
[h] hood (声門摩擦音)

4.3. 破擦音 (affricate)

破裂音と摩擦音の両方の性質を有している.

[tʃ] chair, [dʒ] Japan

4.4. 側音 (lateral)

[l] long

4.5. そり舌音 (反転音) (retroflex)

《英》では後部歯茎接近音 (post-alveolar approximant) と呼称.

[r] run

4.6. 鼻音 (nasal)

[m] map, [n] nice, [ŋ] long

英語の子音のほとんどは口から発音されるが, 鼻音は鼻から発せられる.

4.7. 子音連結について

英語は子音が連続する場合が多いが, 子音結合の型には決まりがある. 例えば, 語頭では 3 つまで可能で, その場合は出だしの音は s に決まっている.

例えば，spring，scream などである．語尾では，texts [teksts] におけるように子音は 4 つまで連続可能である．結局，英語の子音は 7 つまで続くことができる（例：texts scrolled「巻物になったテキスト」）．

4.8. 子音発音指導時の注意点

子音連続に不必要な母音をさしはさまないよう気をつけたい．例えば，club は 1 音節 [klʌb] であるが，初学者は ×[kulabu]「クラブ」のように，不要な母音を差し挟むことがよくある．また，book など子音で終わる語の後に不要な [ʊ] を付け加えて「ブック」×[bʊkʊ] にしないこと．英語の音節構造は，子音の後に母音を従えることの多い日本語の音節構造とは異なる．

5. 文字と発音

小学校高学年になると文字が導入される．その際重要なことは，各アルファベットは独自の名前を有するほかに，語の中では別の発音になることが多いということである．例えば，A は April では [eɪ] だが，hat では [æ]，あるいは，F [ef] は fun では [f] に，of では [v] になる．

6. 音の単位とリズムが重要

音声の理論は音韻論や音声学で議論される分野であり，この節では，話す時も聞くときも，言葉に含まれる大小の音の単位が運用上重要視されることを述べる．音声上や意味上のまとまった単位が連なり，それが繰り返されることでリズムが生まれる．音の単位とリズムは話す場合にも聞く場合にも，言葉の伝達上重要な特性となり，話者間の理解を助ける．

音の単位を見つけることで意味が分かるようになるが，句や文，発話の区切りに置かれた休止や，抑揚，強勢を頼りに話の流れを捉えることができたように思っても，単音の微妙な違いが知覚できないことで，結局何の話なのかが分からないという場面も多い．発話全体の骨格となる単位を見つけることが先か単音知覚が先かという話になるが，これは両者を行き来しながら聴いていることから，後先無しの繰り返しと言える．

音の単位は音声特徴によって形作られるものであり，/p/ や /o/ といった子音や母音，併せて音素と呼ばれる小さなものから，これらが連なり単語や句を作り，休止を挟んで文や発話や対話までをも含む大きな連続体が作られる．音の単位が区別できることと，連なった音の区分を見つけられることが言葉の知覚や生成，理解，習得に深く関わる．

音の違いは音素の種類に基づき，それらを含む言葉の特徴が左右される．音素に加え異音と呼ばれる単位があり，Sapir（1925: 42）は，これを客観的に観察すると実在するが心理的には無いものと表現している．物理的には異なっていてもその違いを心理的には捉えることがないという状態が言語にはある．この状態から人は言葉の型を見つけることができるのである．音韻の違いとして，ある言語で異音として知覚される複数音が別の言語では複数の音素として知覚されることがある．この異音と音素の言語を跨ぐ違いが外国語を発音し知覚するときに，単音に限らず発話全体の理解に際し，大きな負担となることがある．

言語のリズムを学ぶときに，リズム自体が音楽の主要概念でもあることから歌を導入する例が多く見られる．歌は楽しく英語を学ぶためのよい方法ではあるが，歌のリズムと言語のリズムは一致しないことを頭に入れておかなければならない．歌や音楽が苦手であるのと英語を口にすることが苦手であるのを混同しないほうがよい．

身近な状況で実際に使われる短い表現を用いて音の単位やリズムを学ぶのは英語学習方法としては，とてもよい方法である．yes，no，だけでも様々な音の高低，長短，強弱を組み合わせて口にしてみると伝わり方が変わることに気づくだろう．対話の形で yes，no を様々に表現してみるとさらによいであろう．例えば，Risa: Jane Kennedy? Serina: No. や Risa: Serina Yoshida? Serina: Yes. と名前を聞き合うのもよいだろう．

少し大人っぽい会話になるかもしれないが，fair enough，no sir，no way，of course，yes I have 等の表現を試すのもよい．対話の形で状況に沿って強い肯定や否定を表現してみるのもよいだろう．例えば，Risa: So it wasn’t an accident. Serina: Fair enough. や Risa: Are you sure I don’t know you? Serina: No, sir., Risa: Jane Kennedy? Serina: No way., Risa: Don't say that to anybody. Serina: Of course., Risa: You've got a better job? Serina: Yes, I have. 等の使用状況を想像しながら豊かに表現する練習を勧める.

文の構造や時制等の文法項目を学ぶ前に，上記の対話表現を学ぶのは難しいかもしれない．それでも，文全体を音で示し，全体の音の流れの真似を促し，日本語で意味や状況を説明することで導入を試みてもよいと思われる.

Praat という無料配布音声分析ソフトを用いて音が上下するのを可視化するのも，兎角，抑揚が単調になりがちな日本人英語学習者の傾向を知るのに効果的な方法である．音の単位と強勢の位置変化によるリズムの違いを英語母語話者と日本人英語学習者のもので比べてみると，大きな違いが観察される（Tomita 2011, 2014）.

7. モーラと音節

この節では，言葉の知覚と生成に直接関わるモーラや音節について論ずる．音声の最小単位は音素と言われている．音素である子音や母音を繋げて，子音・母音型であるモーラや子音・子音・子音・母音・子音・子音・子音・子音等の型の音節が作られる．モーラは日本語の単位であり音節は英語の単位である.

子音・母音型に加え「ん」や「っ」,「ー」と言う音を基本単位とする言葉を母語として身につけた後に，子音・子音・子音・母音・子音・子音・子音・子音等の型を基本単位とする言葉を習うのは容易なことではない．基本単位として知覚し生成する特質や長さが異なるので，例えば,「本棚」という日本語をモーラで数えると 4 モーラとなり，音節単位で読んでみると，3 音節となる．これと反対に shelf は 1 音節単語であるが，モーラ単位で読んでみると，カタカナのシェルフのように 3 モーラとなる.

モーラと音節は母音や子音と言った音素の組み合わせの型が異なるのであり，これらの違った音の単位を連ねて文や発話を作ると，異なったリズムや抑揚を生み出す．英語を聞いたときと日本語を聞いたときに，共に人が使う言語であるから共通点も多くあり，同じに聞こえるという人もいれば，全く違う様に聞こえると言う人もいるかもしれない．

母音と子音の長さに注目した Patel (2008: 128) は，音節を基本単位とし，強勢をはっきり区別する類の言語とモーラを基本単位とし，長さをはっきり区別する類の言語を対比させている．強勢が文や発話のリズムを作る英語と長さで文や発話のリズムを表す日本語とでは母音が占める割合が異なる．英語は日本語に比べて文や発話全体の母音長が短く，裏を返せば，子音が長いのである．さらに，交互に現れる母音と子音の長さの変化を見てみると，英語では子音に挟まれた母音の長さの変化が日本語に比べて大きいことが分かってきた．

短い子音と比較的長い母音が規則正しく並んで聞こえる日本語に対し，少し長い子音と様々な長さの母音が多様な並びで聞こえる英語とでは，リズムの作り方が異なる．動詞，名詞，形容詞，副詞と言った，文や発話で意味内容を多く含む語の母音に，最も強く，長く，高い音の第 1 強勢を置き，この強勢がリズムの単位を作ると言われている．強勢を受ける母音と第 2 強勢を受ける，もしくは強勢を受けない母音は規則正しく並んでいる訳ではないことから，強勢間の母音の数は一定ではない．

モーラがリズム単位である言語を母語とする学習者が強勢がリズム単位となる言語を話したり聞いたりすると，極端な場合には，子音が短く，各母音の長さが一定に成りがちである．さらに，母語には無い子音連鎖を扱いあぐねて，その間に余分な母音を勝手に挟んでしまうこともよくある傾向である．

子音や母音の音声特質の違いから，さらには，子音の連なりや，子音と母音の組み合わせの型が異なることから，つまり，言語間音声の違いから，母語話者の自然な発音を完璧に身につけることは諦めたほうがよいと考えたくなることもある．しかし，言語実験に基づく調査結果からは，母語からの影響が長く続くとも，この影響は克服できるもので，数年の学習で母語と外国語の音の区別が調音・知覚共可能になるとの結果を示すものもあり，筆者もその様な結果を示すために，実際の発話の波形を学習者自身が分析し，音声を可視化する方法を発音学習過程で導入し，その効果を検証中である．

英語の音声を知覚し発声するためには日本語の音声構造と英語の音声構造の似た点や違った点を知ることが重要である．ここで，日本人英語学習者にとって，日本語の音声構造は母語として習得しており，あまり意識せずに身につけているものである．これに対し，英語の音声構造は外国語として新たに身につけようとしているものであり，理論と実践の行き来により身につければよいが，これは容易なことではない．英語音声構造の説明を聞き，例えば International Phonetic Alphabet (IPA) の英語のイントネーション型を授業で学ぶときにも，言語学や音声学を専門とする大学生でも，とても眠たそうな様子である．ここで，英語構造に関わる重要点をいくつか取り上げ，実際に発音し，学習者自身の発音の特徴を母語話者のものと比較することで目がぱっちり開くこともある．

8. 強弱と長短

この節では，リズムを作り出す音の強弱と長短の音声理論が聴解力や発話力向上に大いに役立つことを具体例を挙げて説明する．日本語は長短をはっきりと区別する言語に，英語は強弱をしっかりと区別する言語に分類されている．実際にはどちらも強弱や長短の区別により意味や表現の微妙な違いを表しているのであるが，日本人英語学習者が息の使い方が弱いことでうまく通じないことがあり，反対に英米人日本語学習者が長さの区別が不十分で異なった単語と取られることがあるなど，両者がそれぞれの言語で重要な要素となっていることが分かる．

例えば fleece を強く発音した場合と弱く発音した場合で母音が異なった音素となるわけではない．母音を作る 2 要素である口の開き具合と舌の盛り上がった位置を基準に考えると，強い発音では口をより狭くし，舌のより前部分を盛り上げることで，はっきりとした音となり，弱い発音では口を少し開き，舌の少し後部分を盛り上げることで，あいまいな音となる．また，長さも少し異なり，強い発音の母音は弱い発音の母音よりも長くなる傾向がある．強く，はっきりした，長い音のほうが聞こえの度合いも高いと予想できる．

ここで，はっきり聞こえる音のほうがよいと考えるとすれば，強い発音を続けるほうがよいように思えるが，実際の発話では継続して強く，また，長く発音し続けることは難しい．自然な発話では強弱や長短が繰り返されることで，話すほうも話しやすく，聞くほうも聞きやすい発話となるのである．

自然な発話の強弱や長短に関わる現象としては強形と弱形と言われるものがある．助動詞，前置詞，代名詞，接続詞，冠詞でよく使われる語には強形と弱形があり，使われる音素自体も全体の長さも全く異なる (Carley et al. 2018)．例えば，for の強形は母音をはっきりと発音し長くのばし，What did you do that for? と発するのに対し，弱形は母音を曖昧に短く発音し，Do it for me. と発する．

強弱や長短を学ぶために，古くは詩の朗読を頻繁に使った時期があった．ここで，前述したように，発話のリズムが音楽のものと一致するとは限らない点と同様，詩の朗読が自然な日常会話のものとは異なることを頭に入れて導入することが大切である (Tani 2018)．

9.　音の脱落

小学校英語教育では英語音への導入のために語句の種類や文や文章の長さを制限する考えが大勢であろう．しかし，実際に英語を教える現場で生徒が，これ知っている，聞いたことが有ると発言したときには，それにできるだけ答えてあげたいと思う．メディアを通して耳にする英語音声には音の脱落が多く，これはごく自然な発話に見られる当たり前の現象であり，できれば脱落を知覚するように導きたいものではあるが，このことが容易ではないのである．

多くの生徒の母語である日本語にも音の脱落が起きており，その応用で英語音の脱落に慣れるようにすれば，それほど難しいことではないかもしれない．しかし，音の単位，音節とモーラの節でも触れたように，英語と日本語とでは脱落の様式が異なる．子音が連続する，例えば，street，spring，scratch，splash ではそれぞれ単音の音質が 3 つ並んだ音が順番に聞こえてくるのではなく，一気に発話された 3 つの子音がどの音とも異なる 1 つの音に変化するのである．日本人英語学習者はこの3つの子音の変化音を発音出来ないばかりか，日本語の影響によって，子音の後に母音を入れて，まるでカタカナ語を読むように発音してしまうことでさえある．自分では子音連続を英語らしく発音しているつもりでも，その思いに反し，母音挿入が音声分析により観察された場合には誰でもがっかりしてしまう．

外国語学習で脱落を学ぶ必要があるかどうかについては賛否両論である．話していて自然に音声が脱落するのはよいが，無理に脱落音を真似して発する必要は感じられない．しかし，自然な発話状況で脱落音を聴き取る機会は多くあり，例えば,「そして雨が降り始めた」に相当する英文は Anenirain と聞こえるかもしれない．And then it rained. のひとつひとつの単語を最初から最後迄はっきりと発音する発話は，極端な強調等を除いて，自然な状況ではまず耳にすることはないであろう．

10. 先生の発音と生徒のやる気

小学校英語教育活動が稼働し始め，本格的な授業が導入されることとなった．外国語学習の低年齢化については賛否両論が飛び交ってきたが，結論は得られたのだろうか．現状は，とにかくやってみましょうという感が強いのではなかろうか．幼い子供に英語を教える状況に関わってきた人やこれから関わることになる人それぞれの立場によって受け止め方や考え方が異なるのは当然である．よもや小学校で英語を教えることになるとは予想していなかった先生もいれば，やっと自分の特技を活かせると考えている先生もいるだろう．

周りの喧噪を他所に自分たちのやり方と勢いでこの状況を打破しなくてはならないのは現場の小学校現職教員である．どのような考え方を持っていようとも，一番大変な立場に置かれており，日本の英語教育が一気に進むための起爆剤にされているのである．小学校での教育は総合的なものであり，英語教育は人間形成や国際感覚を含めた広い視野をもつために必要であれば導入すればよいし，かえって負担になるのであれば導入後できるだけ早い時期に再検討をし，時に方向転換をはかるべきものである．

今まで英語教育に関わってきた特定小学校や中学校，高等学校，高等専門学校，大学，語学学校の英語教員は長年の経験や自己研鑽，試行錯誤を基に貴重な助言を述べることができる立場にあると思われる．ここでひとつ重要なことは，公共教育として10歳に満たない子供全員に英語を教えるという状況は全く新しい事柄であり，言語習得結果説明責任の拠り所を考慮に入れると，正直何も言えなくなるのがまともな感覚かもしれない．授業を担当する先生ひとりひとりの状況を加味した助言は一定の経験からは果たして生まれるのだろうか．

理論は難しくてつまらないという意見をよく耳にする．中身が分かることによってその面白みも感じる様になるとすれば，難しいものから興味を見いだすのは確かに無理かもしれない．しかし，分からないことだからこそあこがれを持ち，学ぶ喜びを見いだすことは可能である．音の理屈や理論は第2言語習得の根幹を成している．現実はどれほど長く学習しても外国語らしい発音で話せるようにならない人が多くいるのである．この状況で最初から実践を重ねるのもよいが，むしろ理論を押さえた状態で実践を繰り返すことのほうが近道であることを教授者自身が実践し感じてみることが必要である．

あちらこちらの講習会でどうしたら英語が話せるようになるのでしょうねという質問を熱心に尋ねはするが，学習用CDや朗読CD，ドラマや映画のDVDのシリーズを最後まで見たり聞いたりする継続性までは持てない学習者・教授者にはなってほしくない．理論と，どうすれば話せるようになるかの答えは別物である．音声言語理論は外国語をうまく話し，よく聞けるようになるために何をどう学習すればよいかを自ら問い続ける行為そのものである．生徒が初期段階で躓いたときに，またその反対にもっともっと学びたいと並外れて学習が進んでいるときに，理論に基づく実践を通して，方向性を示唆してあげよう．

ことばの音について，特に小学校英語教育や諸外国語教育，言語政策，言語普及の概念に関わるIPAについて本章で触れた．海外滞在経験者，短期留学直後の生徒や長期留学者の発音が格段に良くなっていることから，発音は日本に滞在する英語母語話者，もしくは一部の選ばれた生徒の留学先に任せれば良いとの意見を耳にする．ここで公共教育を視野に入れた場合，このような意見はやや乱暴な考え方に基づくと思われる．外国語の音声は母語に無い音の訓練を科学的分析に基づき段階を踏んで導入するのが効果的であるとの調査結果は Catford et al.（1970: 477）等，古くから提示されており，この方向性は現在にも受け継がれ，個々の音や統合要素の特性とその習得に関する研究結果が発表されており，日本に居ながらにして英語の発音と知覚を訓練することの意義をそこから読み取ることができる．

小学校現職教員に限らず，中学校，高等学校，高等専門学校，大学で英語を担当する教員は少なからず自身の英語の発音について不安を抱くことがあるのではないだろうか．読み，聴き，書き，話す訓練を日々重ねてはいるが，日本語的な英語の発音からはなかなか抜け出せないと悩む人もいれば，言いたいことが伝わっているのだからそれでいいのだと居直る人もいれば，種々考えることが外国語学習の醍醐味だと満足気味な人もいるだろう．ここで，英語発音にあまり自信が持てない人への朗報がある．Isaacs and Trofimovich（2017）に紹介されている調査によれば，非母語話者の英語教員の発音に対する，非母語話者の英語学習者の考えは，非常に穏やかであることが判明したのである．端的に言えば，「そのままでよいよ」と思っているらしい．もちろんこれで発音を学ぶことをやめてしまっては，会話力や聴解，延いては読解や書く力にまで影響を及ぼしかねない．英語の発音について，たかが発音，されど発音，共にその理論を学んでいければと願っている．

＊ 英語の個々音の発音の仕方は本書実践編，ならびに，文部科学省「小学校外国語活動・外国語研修ガイドブック 実践編」を参照．

参考文献

Carley, Paul, Inger M. Mees and Beverly Collins (2018) *English Phonetics and Pronunciation Practice*, London, Routledge.

Catford, John C. and David B. Pisoni (1970) "Auditory vs. Articulatory Training in Exotic Sounds," *The Modern Language Journal* 54(7), 477–481.

Cruttenden, Alan (2014) *Gimson's Pronunciation of English*, 8th ed., Routledge, London.

Isaacs, Talita and Pavel Trofimovich (2017) *Second Language Pronunciation As-*

sessment, Multilingual Matters, Bristol.

Jones, Daniel, ed., by Peter Roach, Jane Setter and Esling John (2011) 18th ed., *Cambridge English Pronouncing Dictionary*, Cambridge University Press, Cambridge.

松坂ヒロシ (1986)『英語音声学入門』研究社，東京.

御園和夫・平坂文男 (2005)『コミュニケーション主体の英語音声学』和広出版.

Patel, Aniddulu D. (2008) *Music, Language, and the Brain*, Oxford University Press, Oxford.

Sapir, Edward (1925) "Sound Patterns in Language," *Language* 1, 37–51.

Tani, Akinobu (2018) "Phonological approaches to Mother Goose," *Phonetics and Phonology and Pronunciation Practice in English Education*, ed. by Udo and Tani, 94–113, Jias Kyoikushinsha, Tokyo.

東後勝明 (監修)，御園和夫 (編集)，松坂ヒロシほか (執筆) (2009)『英語発音指導マニュアル』北星堂書店，東京.

Tomita, Kaoru (2011) "Patternings of Native and Non-native Intonatins in yes/no," *Bulletin of Yamagata University* (*Humanities*) 17(2), 71–88.

Tomita, Kaoru (2014) "Rhythm for Oral Readings," *Bulletin of Yamagata University* (*Humanities*) 18(1), 65–79.

Wells, J. C. (2008) *Longman Pronunciation Dictionary*, 3rd ed., Longman, London.

第2章

音声の実践

松坂ヒロシ
(早稲田大学名誉教授)

1. 教師の役割

小学生のような年齢の低い学習者に対して英語の音声教育をする場合，理論的な説明を中心にするのではなく，手本となるべき音をたくさん聞かせ，音を「耳から」覚えさせることが大切である．そのためには，音体系をなるべくひとつに統一し，使用する録音教材の発音と教室の教師の発音とがあまりかけ離れることがないように留意すべきである．

この章では，英語のさまざまな音を，日本語の音との連想という切り口で分類し，それらの音の発音法を説明する．また，日本語を母語とする教師が自己研鑽の際に押さえるべき発音法のポイントを列挙する．前述の通り，理論的説明を中心とすることは避けたいが，折に触れて「コツ」を教えることは有用であるので，本章より必要な情報を取り出して，教室での説明に役立てて頂きたい．特に断らない限り規範としては標準的な北米系発音に絞るが，イギリス系発音にも適宜触れる．

2. 本章において言及される小道具など

2.1. 歯型

歯磨き指導用の歯型（図1，「顎模型」と呼ばれることも多い）が便利である．特に子音の発音の指導に役立つ．子音の発音を教える際には，舌が口のどの部分に触れるかを教えると学習者の理解が大いに助けられることが多く，歯型は舌の触れる場所を示すのに最適である．歯型が手近にない場合は，歯列の絵（図2）で代用できる．インターネットで「歯列」を画像検索すると，いろいろの画像が得られる．これらのうちから適当なものを選んでプリントアウトしたり書写したりするとよい（3.1.5，4.11.2節などで利用可）．

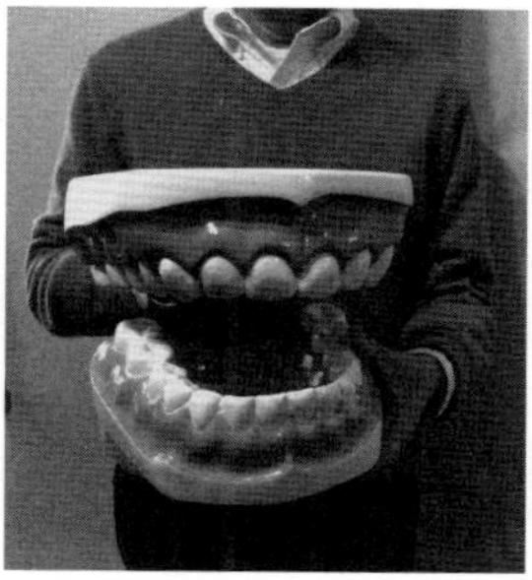
図1　歯型

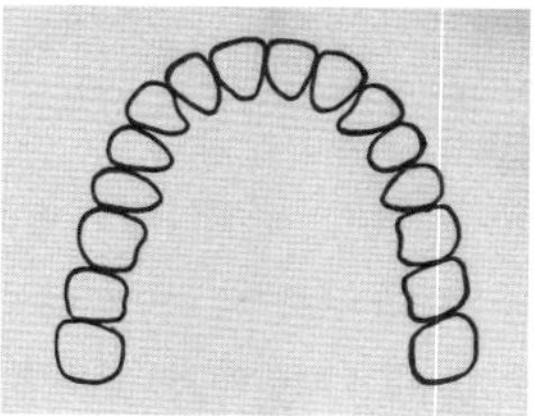
図2　歯列の絵

2.2.　口を横から見た断面図（図3）

この図の使用は，発音指導上非常に有効な方法である．なめらかに書けるように日ごろから練習しておくとよい．

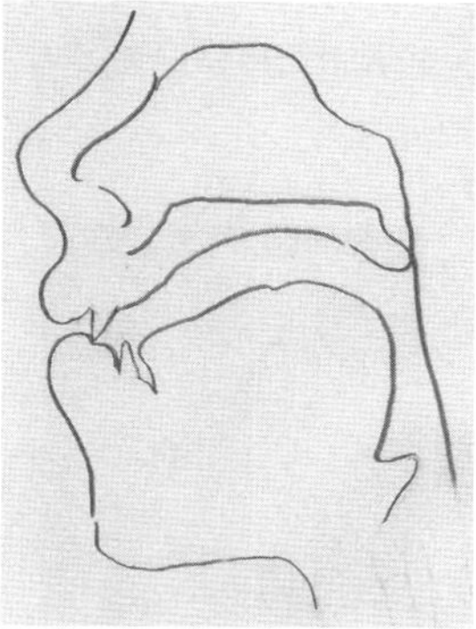
図3　口の断面図

2.3.　発音の物差し

おもに母音を教える際に役立つ．英語の母音を教える際には，日本語の母音を基準にして，たとえば，英語のこの母音は日本語の X という母音とほぼ同じだとか，英語のこの母音は日本語の母音の Y と Z との間だとかいう説明をすると，学習者にとって英語の母音が把握しやすくなる．発音の物差しは，厚紙などで作っておいてもよいし，板書やパワーポイントで示してもよい．3.1.4 節などに例あり．

2.4.　割り箸かスプーン

子音 [hw]，[h]，母音 [ɪ] などを教える際に役立つ．唇の開きがせまくなりすぎるのを防いだり，舌が高く上がりすぎるのを防いだりするのに使える (3.2.2, 4.8.2, 4.8.4 節参照)．割り箸は [θ] [ð] の指導にも使える (4.2.3, 4.3.1 節参照)．

2.5.　ホース

[s] と [θ] との違いを教える際に役立つ (4.2.3 節参照)．

2.6.　厚紙製の，口の開きを示すもの (図 4)

口の開きが大きいか小さいかは英語の母音の発音の指導でしばしば重要なポイントとなる．口の開きを示すために厚紙で写真のようなものを作っておくと便利である (3.1.2 節など参照)．

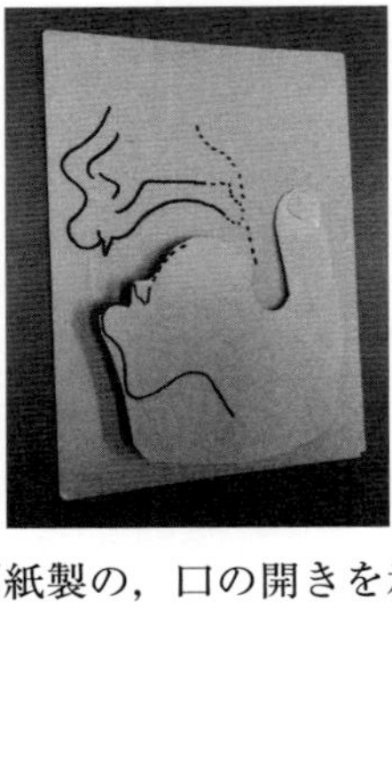

図 4　厚紙製の，口の開きを示すもの

2.7.　口の正面図

[w] の指導の際に役立つ (4.12.2 節参照).

3.　英語の母音

母音について教える際には，異なるとされている音を実際に異なる音として出すことが大事である．ここでは，特に重要と思われる次の 3 種類の母音について述べる．

3.1.　「ア」と聞こえる音の区別

3.1.1.　box に出てくる [ɑ]

日本語の「ア」と同じと考えてよい．

3.1.2.　about のアタマに出てくる [ə]

「あいまい母音」などと俗称されることがある，口をあまり開かずに，舌や唇から力を抜いて出す音である．口をあまり開かないことを説明するためには，2.1 節で挙げた歯型や，2.6 節で挙げた厚紙製のものが役立つ．

3.1.3.　but に出てくる [ʌ]

日本語の「ア」で代用しても大きな問題はないが，厳密に言うと，北米系発音では，「ア」の場合よりもややアゴの開きを小さくして発音され，[ɑ] に比べて，「ウ」の響きが混じったような暗い響きを持つことが多い．

3.1.4.　bat に出てくる [æ]

日本語の「ア」と日本語の「エ」との中間の音と考えればよい．指導上は発音の物差し (図 5) を使うとよい．

図 5　[æ] の位置を示す発音の物差し

ア　　　　æ　　　　エ

├--------------┼--------------┤

アからエに至る発音の物差し

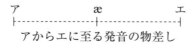

3.1.5.　hurt に出てくる [ɑ:r]

この母音を発音するときには，口を閉じぎみにし，舌を後ろに引きながら横に広げ，上の奥歯のすぐ内側の歯茎を左右同時になめるとよい．舌先は口のなかで宙に浮いている．これは，あとに述べる [r] の発音のときに必要な舌の形であるが，この響きが母音にも使われるわけである．本書における音声表記では [ə:] の後に [*r*] が続くが，発音記号の [ə:*r*] は，[ə:] に始まり [*r*] に終わるという意味ではない．[r] の響きは母音の最初から加わっている．最後の方に添えるのではない．すなわち，北米系発音を規範とする限り，[ə:*r*] は前述の [r] のような舌の形を使う，単純なひとつの音である．したがって，[ə:*r*] を全体としてひとつの発音記号のデザインと考えるべきである．（イギリス系発音ではこの [r] の響きが加わらず，単に口をあまり開かない一種の「ア」のような音が使われる．発音表記が複雑なのは，同じ記号にこのイギリス系発音の事実をも同時に反映しようとするためである．斜字体 *r* は「r 音色がつかないこともある」の意であり，イギリス系発音においてはつかないことが普通.）北米系発音の [ə:*r*]，つまり [r] 音が加わった音を，[ɚ:] または [ɝ:] と表記する辞書や教科書がある．

3.1.6.　heart に出てくる [ɑ:r]

[ɑ] にはじまり，最後にすこし [r] の響きを添える母音である．すなわち，口をしっかり開いて発音し始め，音の最後のほうで，[r] の響きが出てくるのに伴いわずかに口が閉じるはずである．イギリス系発音ではこの最後の [r] の響きがない．

3.1.7.　paper に出てくる [ə*r*]

3.1.5 で取り上げる [ə:*r*] と同じ舌の形で発音すればよい．ただし，強勢が置かれていない．北米系発音のこの音を [ɚ] と表記する辞書や教科書がある．

3.2. 「イ」と聞こえる音の区別

3.2.1. sheep に出てくる [iː]

日本語の「イ」と同じと考えてよい.

3.2.2. ship に出てくる [ɪ]

日本語の「イ」と日本語の「エ」との中間の音と考えればよい. 指導上は発音の物差し（図 6）を使うとよい. 割り箸やスプーンの柄で舌を押さえ, 舌が高くなりすぎないようにする練習方法も可.

図 6　[ɪ] の位置を示す発音の物差し

イ　　　　ɪ　　　　エ
|----------------|----------------|
イからエに至る発音の物差し

3.3. 「オ」と聞こえる音の区別

3.3.1. coat に出てくる [oʊ]

日本語の「オ」に始まり, 最後に軽く口の形が「ウ」の方向に向かった音.

3.3.2. port に出てくる [ɔː*r*]

日本語の「オ」に始まり, 最後に軽く [r] が添えられた音. イギリス系発音ではこの最後の [r] の響きがない.

3.3.3. bought に出てくる [ɔː]

この母音には幅があり, 北米系発音では, 日本語の「オ」と「ア」の中間の音から, 日本語の「ア」に近い音までの, 広い範囲のなかのどこかの音として発音される.（イギリス系発音では日本語の「オ」とほぼ同じ音が使われる.）発音の物差し（図 7）を使うとよい.

図 7　[ɔː] の位置を示す発音の物差し

オ　　　　ɔː　～　ア
|----------------|----------------|
オからアに至る発音の物差し

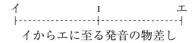

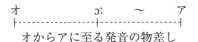

4. 英語の子音

4.1. ガ行子音に聞こえる音の区別

4.1.1. again，bigger に出てくる [ɡ]

日本語のガ行子音のアタマの音．多くの日本の学習者にとって難しい音ではないが，学習者によっては，誤って 4.1.3 節に述べる単独の「鼻濁音」で発音する人がいるので注意．鼻濁音を使わない日本語母語話者は，「ががく」(雅楽) の最初のガの頭の音と二番目のガの頭の音とを同じ音で発音する．鼻濁音を使う人は，二番目のガのアタマの音として鼻濁音を使う．英語の again，bigger などの単語に鼻濁音を使ってはならない．

4.1.2. finger に出てくる [ŋɡ]

鼻濁音 [ŋ] に続けて日本語のガ行子音のアタマの音を出す．この音の組み合わせは日本の学習者は楽に発音できる．

4.1.3. singer に出てくる [ŋ]

一部の日本語話者が使う，「鼻濁音」と呼ばれる一種の「鼻音」(第 1 章 4.6 節参照)．普段鼻濁音を使わない日本語話者も，「ナガナガ」「ニギニギ」などのフレーズを言う際に，「ナ」「ニ」といった鼻音に引きずられて「ガ」「ギ」を鼻音で出すことがある．これが [ŋ] である．多くの日本の学習者は，[ŋɡ] は出せても [ŋ] を単独で出すことを苦手とする．ひとつの練習方法としては，「ニャガニャガニャガ...」と言うことである．「ナガナガ」の場合よりも「ニャガニャガ」の場合のほうが，「ガ」の直前での舌の位置が「ガ」の位置に近いのでガのアタマの音として [ŋ] が出しやすくなる可能性が高い．

4.2. サ行子音に聞こえる音の区別

4.2.1. see に出てくる [s]

日本語の「サ」，「ス」，「セ」，「ソ」のアタマの音．この後に [iː] や [ɪ] が続くと日本語の「シ」のアタマの子音が使われる恐れがある．この問題をかかえる学習者に対しては，舌先を前に寄せて発音するよう指導すると有効であることがある．ただ，舌先が前に出すぎると後述する [θ] が出てしまうので注意を要する．

4.2.2.　she に出てくる [ʃ]

日本語の「シャ」，「シュ」，「ショ」のアタマの音．この後に [iː] や [ɪ] が続くと，[ʃ] の代わりに前述の [s] を使う学習者がいる．この問題をかかえる学習者に対しては，舌先を後ろに引いて発音するように指導すると有効である場合がある．

4.2.3.　think に出てくる [θ]

舌と歯を使って発音する音．次の 3 通りのどの方法で発音してもよい．第一に，舌先を上下の歯で軽くかむ方法，第二に，舌先を上の前歯の裏に当てる方法，第三に，舌先を上の前歯の歯先に当てる方法，である．

日本の学習者は，大きく分けて 3 種類のトラブルをかかえる可能性がある．

第一に，この音を [s] や [ʃ] で代用する学習者がいる．この問題をかかえる学習者に対しては，舌先を十分前に出して，舌先を歯に触らせるよう指導すると有効である．舌先の出し方が足らない学習者に対しては，割り箸や自分の指を唇に対してタテに当てさせ，その割り箸や指がなめられるくらいに舌先を出すように，と指導すると有効である．こうすればほぼ確実に [θ] が出せる舌の形となる．ただ，実際の発音においては，これほど舌を前に出さなくても [θ] は出せる．むしろ，舌を前に出しすぎると前後の音とのつながりが円滑でなくなるので，舌はさほど前には出さないことも多い．そこで，[θ] が出せない学習者への指導においては，「練習のために，今だけわざと大げさに発音してみよう」といったコメントを付すとよい．そうすると，割り箸や指がなめられるくらいの舌の出し方が最も自然な発音であるかのような誤解が起きないで済む．ホースの一方の端に息を吹き込み，もう一方の端を指でつぶすと，つぶし方が強いときには「スー」という鋭い音が，弱いときには「フー」という鋭くない音が出る．これをやってみせながら，[θ] が [s] ほどには鋭くない音であることを説明する，というアイディアもある．

第二に，[θ] を出すべき場所で，舌を歯に当てる形で [t] のような音（正確には歯を調音位置とする破裂音）を出す学習者がいる．このトラブルは，本来息が出続ける「継続音」であるはずの [θ] が，いったん息の流れが止まる「破裂音」となってしまうこと，と表現できる．この原因は，舌先をかむ際にかみ方が強すぎることである．この問題をかかえる学習者に対しては，秒針のある時計または携帯電話を使って [θ] の音を 5 秒以上出し続ける練習が有効である場合がある．これにより，学習者は，継続音としての [θ] の発音の感覚をつかめるかもしれないからである．

第三に，[θ] を出すべき場所で [t] を出す学習者がいる．このトラブルは，上述の第一，第二のトラブルが重なったものである．すなわち，舌の位置が後ろすぎ，かつ，音が継続音にならないことである．指導も，第一，第二のトラブルに対する指導を組み合わせることにより効果を挙げることができる．

4.3. ザ行子音に聞こえる音の区別

4.3.1. this に出てくる [ð]

この音の発音については，次の 4 通りの誤りが起きる可能性が高い．

第一に，この音を [z] で代用する学習者がいる．このトラブルは，前述の 4.2.3 節の [θ] に関するトラブルのうち第一の [s] の出現の有声版である．つまり，[θ] に関する第一のトラブルとして紹介した [s] の発音を，声を伴った形で出せば，[z] となる．この問題をかかえる学習者に対しては，[θ] のトラブルの場合同様，舌先を十分前に出して，舌先を歯に触らせるよう指導すると有効である．舌の形に関する指導の仕方は [θ] の場合と同じでよい．

第二に，[ð] を出すべき場所で，舌を歯に当てる形で [d] のような音（正確には歯を調音位置とする破裂音）を出す学習者がいる．このトラブルは，前述の 4.2.3 節の [θ] に関するトラブルのうち第二のものの有声版であると言える．つまり，[θ] に関するトラブルとして紹介した発音を，声を伴った形で出せば，ここで取り上げている，問題のある音になる．指導のポイントは学習者に継続音を出させることであり，その方法としては，4.2.3 節の第二のトラブルに関して紹介した方法に準じればよい．

第三に，[ð] を出すべき場所で純粋の [d] を出す学習者がいる．このトラブルは，上述の第一，第二のトラブルが重なったものである．すなわち，舌の位置が後ろすぎ，かつ，音が継続音にならないことである．指導も，第一，第二のトラブルに対する指導を組み合わせることにより効果を挙げることができる．

第四に，[ð] を出すべき場所で [dz] や [dʒ] を出す学習者がいる．このような学習者に対しても，まず上記第一のトラブルのところで述べた，舌の位置に関する指導を行い，次に第二のトラブルのところで述べた継続音を出すことの指導を行うとよい．

4.3.2.　cars に出てくる [z]

この音は，次の 4.3.3 節に挙げる [dz] と混同されやすい．[z] は，ささやくと [s] になる音である．すなわち，cars をささやくと，最後の音は [s] となる．[s] と言ったときに，舌先は歯茎に近づくが触れはしないことに気づくだろう．[z] も同様であり，この音を出したときに，舌の両脇は歯茎に触れるが，舌先は歯茎に触れない．[z, z, z,] と同じ音を繰り返すと，舌先のようすが分かる．

4.3.3.　cards に出てくる [dz]

前述の [z] と混同されやすい．[dz] はささやくと [ts] になる音である．すなわち，cards をささやくと，最後の音は [ts] となる．[ts] と言ったときに，舌先が歯茎に一度触れることに気づくだろう．[dz] も同様であり，この音を出したときに，舌先は一度歯茎に触れる．[dz, dz, dz] と同じ音を繰り返すと，舌先がそのつど歯茎に触れることが分かる．

4.4.　「ジャ」，「ジュ」，「ジョ」のアタマの音に聞こえる音の区別

4.4.1.　usual に出てくる [ʒ]

次の 4.4.2 節に挙げる [dʒ] と混同されやすい．[ʒ] は，ささやくと [ʃ] になる音である．すなわち，usual をささやくと，-s- の部分の音は [ʃ] となる．[ʃ] と言ったときに，舌先は歯茎に近づくが触れはしないことに気づくだろう．[ʒ] も同様であり，この音を出したときに，舌の両脇は歯茎に触れ

るが，舌先は歯茎に触れない．[ʒ, ʒ, ʒ] と同じ音を繰り返すと，舌先のようすが分かる．

4.4.2.　vegetable に出てくる [dʒ]

前述の [ʒ] と混同されやすい．[dʒ] はささやくと [tʃ] になる音である．すなわち，vegetable をささやくと，-g- の部分の音は [tʃ] となる．[tʃ] と言ったときに，舌先が歯茎に一度触れることに気づくだろう．[dʒ] も同様であり，この音を出したときに，舌先は一度歯茎に触れる．[dʒ, dʒ, dʒ] と同じ音を繰り返すと，舌先がそのつど歯茎に触れることが分かる．

4.4.3.　drive に出てくる [dr]

この音は，[d] プラス [r] であると言うより，そのような組み合わせではなく単独の音であると思ったほうが理解しやすい．ほとんどの学習者にとって，4.4.2 節で取り上げた [dʒ] を使って jive（[dʒaɪv]）と言うことは楽である．この単語のアタマのところで，jive のアタマの発音と同じことを，舌をぐっと口の後ろに引いて行えば，自然に drive の（[draɪv]）とほぼ同じ発音ができる．

4.5.　ダ行子音に聞こえる音の区別

4.5.1.　Sunday に出てくる [d]

日本語の「ダ」「デ」「ド」のアタマの音と同じである．

4.5.2.　letter に出てくる [ɾ]

日本語のラ行のアタマの音とほぼ同じであるが時として [d] に近い音に聞こえる．北米系発音においては，[t] は，あるふたつの条件の少なくともひとつが満たされているとき，この音に変わりやすい．ふたつの条件のうちひとつは，[t] が母音と母音にはさまれて後の母音に強勢がない場合であり，もうひとつは，[t] が母音と母音にはさまれて [t] の直後に単語の境目がくる場合である．letter は第一の条件が満たされている場合，at all は後者の条件が満たされている場合である．get it では両方の条件が同時に満たされている．このような [t] の変化があまり起きないタイプの英語もあるので，[ɾ] はできなくともかまわない．

4.6. 「チャ」，「チュ」，「チョ」のアタマの音に聞こえる音の区別

4.6.1. child に出てくる [tʃ]

日本語の「チャ」，「チュ」，「チョ」のアタマの音と同じである．

4.6.2. train に出てくる [tr]

この音は，[t] プラス [r] であると言うより，そのような組み合わせではなく単独の音であると思ったほうが理解しやすい．ほとんどの学習者にとって，4.6.1 節で取り上げた [tʃ] を使って chain（[tʃeɪn]）と言うことは楽である．この単語のアタマのところで，chain のアタマの発音と同じことを，舌をぐっと口の後ろに引いて行えば，自然に train の（[treɪn]）とほぼ同じ発音ができる．4.4.3 節で取り上げた drive に出てくる [dr] を，声を出さずに（ささやいて）言えば [tr] になる．

4.7. ナ行子音に聞こえる音：nice に出てくる [n]

日本語の「ナ」「ニ」「ヌ」「ネ」「ノ」のアタマの音と同じである．

4.8. ハ行子音に聞こえる音の区別

4.8.1. hat に出てくる [h]

日本語の「ハ」「ヘ」「ホ」のアタマの音と同じである．

4.8.2. who に出てくる [h]

唇の丸め方はごくゆるくして，のどから出るささやきの音を使う．日本の学習者は唇を丸めすぎて，ろうそくを吹き消すときの音を出しがちであるが，この音は正しい音ではない．また，4.8.3 節の [f] の音で代用する学習者もいる．これも正しくない．唇の丸みをゆるく保つために，上下の唇の間にスプーンの先またはスプーンの柄を差し入れる方法がある．

4.8.3. fine に出てくる [f]

上の歯を，下唇の内側の，唾液で濡れているあたりに押し当てて息を出す．日本の学習者は，2 種類のトラブルをかかえる可能性がある．第一に，「ファ」「フエ」「フォ」などのアタマの音を使う可能性がある．この発音は，歯を使っておらず，唇だけで行っている．正しくは歯を使わなくてはならない．第二に，上記の口の形は正しくとも，息の量が足りないために音が聞こえない可能性がある．これでは聞き手に伝わらない．2.2 節で紹介した図 3 は，実は [f] および 4.9.2 節で取り上げる [v] の口の形を示すものであった．この図を参照されたい．

4.8.4. what に出てくる [hw]

日本の学習者は，what，where，why などを，それぞれ「ホワット」「ホウェア」「ホワイ」などと言いがちである．しかし，[hw] は，発音記号にこそ 2 つの文字が使われているが，2 つの音から成っているのではなく，ひとつの音である．[hw] については，この 2 文字でひとつの記号のデザインであると考えるほうがよい．[hw] は，唇の丸めかたはゆるくして，のどから出るささやきの音を使う点では 4.8.2 節の [h] と同じであるが，丸めた唇を急に開く点が [hw] の特徴である．スプーンの先またはスプーンの柄を使って唇がすぼみすぎないようにする練習方法も可．ただ，この音は使用頻度が低く，what，where などの単語のアタマは 4.12 節で取り上げる [w] で出す英語母語話者が多い．日本の学習者も，[w] を使えばよい．

4.9. バ行子音に聞こえる音の区別

4.9.1. book に出てくる [b]

日本語のバ行子音と同じである．

4.9.2. very に出てくる [v]

4.8.3 節で取り上げた [f] の音に声をつければよい．[f] と同じ口の形をし，声を出しながら息をたくさん口の外へ押し出せばよい．日本の学習者は [b] で代用することがある．これを防ぐためには，時計を使って 5 秒以上この音を持続させる練習をするとよい（2.2節で紹介した図3参照）.

4.10.　ヤ行子音に聞こえる音

4.10.1.　you に出てくる [j]

日本語の「ヤ」「ユ」「ヨ」のアタマの音と同じでよい.

4.10.2.　year に出てくる [j]

上記4.10.1節の [j] と同じであるが，後続の母音が [ɪə*r*] の出だしの [ɪ] なので，[j] の段階で十分舌を高めて口の天井に近づけておく必要がある．つまり，高めておいた舌を降ろしたときに，それでもなお，やや舌を高くして発音すべき [ɪ] を出す必要があるわけである．このためには，最初の [j] の段階で相当舌の位置が高くないといけない.

4.11.　ラ行子音に聞こえる音の区別

4.11.1.　right に出てくる [r]

舌全体を口の後ろに引きぎみにし，舌を横に張って，舌で上の奥歯のすぐ内側の歯茎を左右同時になめるとよい（3.1.5節参照）.

4.11.2.　light に出てくる [l]

舌先を上の歯茎につけて発音する音である．舌の位置が前であることが重要であり，舌が前歯の裏に触れてもよいくらいである.

4.11.3.　letter に出てくる [ɾ]（4.5.2参照）

日本語のラ行子音とほぼ同じと考えてよい．4.5.2節に詳説した.

4.12.　「ワ」のアタマの音

4.12.1.　we に出てくる [w]

日本語の「ワ」のアタマの音と同じである.

4.12.2. would に出てくる [w]

上記 4.12.1 節の [w] と同じであるが，[w] の直後に [ʊ] がくるので，唇を十分丸めておく必要がある．つまり，唇を丸めておき，その唇を開いたときに，それでもなお，やや唇を丸めて発音すべき [ʊ] を出す必要があるわけである（図 8 参照）．このためには，最初の段階で唇の丸みは相当強くないといけない．

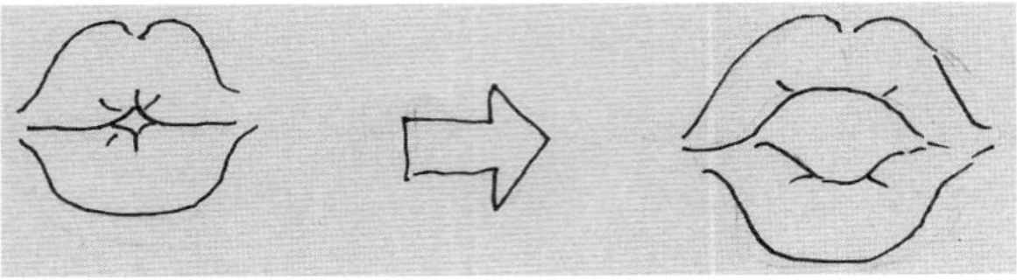

図 8 [w] の発音の際の唇の動き

4.13. 「ン」に聞こえる音

4.13.1. ten に出てくる [n]

英語の [n] は，舌を上の歯茎にしっかり押し当てて発音する．図 9 参照．日本語の「ン」は必ずしもそうでないので注意を要する（4.13.2–4.13.7 節参照）．

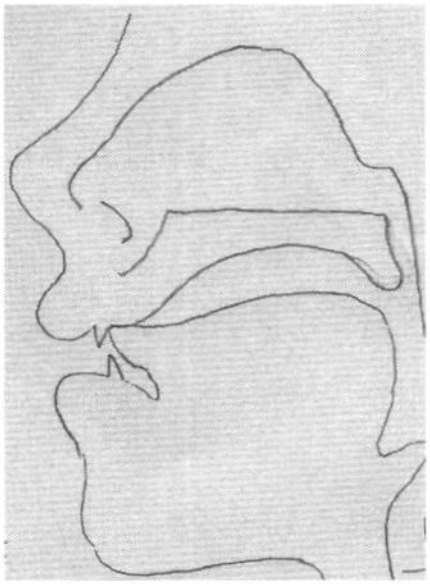

図 9 [n] の発音の際の舌の形

4.13.2. an apple に出てくる [n]

日本の学習者は「アン・アップル」と言いがちである．この場合，「アン」

の「ン」の発音の際，舌先は歯茎に触れない．しかし英語の [n] の発音の際は，舌先が歯茎に触れる．すなわち，an apple は，[ənæpl] となり，このフレーズのなかに [-næ-] という部分が聞こえる．これを発音する際には，[ən æpl] と言うより [ə næpl] と言うつもりで発音するとよい．

4.13.3.　dance に出てくる [n]

日本の学習者は「ダンス」と言いがちである．この場合，「ン」の発音の際，舌先は歯茎に触れない．しかし英語の [n] の発音の際は，舌先が歯茎に触れる．そうすると，[dæns] の [n] と [s] との間に弱い [t] が入り，[dæns] は [dænts] と聞こえがちである．この発音が正しい．学習者は，「ダンツ」と言うつもりで練習するとよい．

4.13.4.　in his に出てくる [n]

日本の学習者は「インヒズ」と言いがちである．この場合，「ン」の発音の際，舌先は歯茎に触れない．しかし英語の [n] の発音の際は，舌先が歯茎に触れる．そうすると，in は「イヌ」に近く聞こえる．また，[h] が弱まると，このフレーズは「イニズ」に近く聞こえる．この発音が正しい．

4.13.5.　in your に出てくる [n]

日本の学習者は「インユア」と言いがちである．この場合，「ン」の発音の際，舌先は歯茎に触れない．しかし英語の [n] の発音の際は，舌先が歯茎に触れる．そうすると，in your の -n y- の部分は「ニュ」または「ニョ」に近く聞こえる．この発音が正しい．

4.13.6.　Henry に出てくる [n]

日本の学習者のうち，[r] の音（4.11.1 節）が正しく出せるようになった人は，この名前の [henri] の [n] を舌先を歯茎に触れさせないで発音しがちである．しかし英語の [n] の発音の際は，舌先が歯茎に触れる．そうすると，Henry の [n] は日本語の「ヌ」に近く聞こえる．この発音が正しい．

4.13.7. in Washington に出てくる [n]

日本の学習者は「インワシントン」と言いがちである．この場合，「ン」の発音の際，舌先は歯茎に触れない．しかし英語の [n] の発音の際は，舌先が歯茎に触れる．in の [n] は日本語の「ヌ」に近く聞こえる．この発音が正しい．

5. 英語の強勢，リズム，抑揚

第 1 章 5 節「音の単位とリズムが重要」で論じられている英語のリズムを教える際には，手拍子を打ったり，カスタネットのような器具を鳴らしたりする方法がよく行われているようであるが，大事なことは，無理にスピードを上げないことである．スピードを重視すると母音や子音が乱れる．

強勢を自然なものにするためには，強く言うべき音節を大きな声で言うというより，強く言うべきところと弱く言うべきところとの間に強さの差をつけることが大事である．多くの日本の学習者にとって，強く言うことは難しくない．むしろ，強く言う箇所を引き立たせるためにその他の箇所を弱く言うことを苦手とする．たとえば，

This is a computer.

というセンテンスにおいては，is a com- の部分と最後の -er の部分とを弱くするべきである．弱くするためには，

(1) 声の高さを低く抑えること，
(2) 母音をあまり明瞭に言わなくともよいと心得ること，
(3) それぞれの音節にかける時間を長くしすぎないこと，

といった点に注意するとよい．日本の学習者は，(1) の注意は守れるが，(2) と (3) の点に注意することが苦手である．たとえば，a, -er を大きな口をあけて「ア」と言ったり，それらを言うときに音を長く延ばしたりするきらいがある．

6. まとめ

発音指導において大切なことは，個々の音もさることながら，「音体系」を学習者に身につけさせることである．そのためには，少なくとも初級の学習者を指導する際には，学習者が安定した音体系に触れるよう留意しなくてはならない．一般的に，先入観がさほどない小学生は，耳で触れた発音をおとなより早く，また確実に吸収する．小学生に安定した音を聞かせるためには，教師が不断の努力をして，みずからの発音をみがく必要がある．録音教材を，教室で使う教材として使うだけでなく，自己研鑽のためにも使うべきである．

世界には多様な英語があるのだから，日本の学習者は日本的な英語発音をすればよいではないか，という立場をとる英語教育関係者もいるが，ここではこの議論には踏み込まず，一定の規範に準拠した発音教育を重視することとした．学習者に多様な英語に触れさせることは重要であるが，初級の学習者にこれはなじまないと筆者は考えている．

第Ⅱ部

語彙

第3章

語彙の理論

米倉　綽
（京都府立大学名誉教授）

1. はじめに

次の英文をみてみましょう．

(1) How old are you?（いくつですか）

(2) Ladies and gentlemen, welcome.
（皆さん，ようこそおいでくださいました）

(3) I claim that she caused the accident, but she claims it was my fault.
（私は彼女がその事故を起こしたと主張しているが，彼女は私のせいだと言っている）

(4) I'd like to have a chat with you about your work.
（あなたの仕事についてちょっと話したいのですが）

(5) It has been raining since this morning.
（今朝からずっと雨が降っている）

(6) She takes no interest in their small talk.
（彼女は彼らの世間話には興味がない）

(7) I want a strong tea.（濃い紅茶が欲しい）

(1) の old ですが，相手が若い人でも年配の人でも old というのはなぜでしょうか．(2) の ladies and gentlemen を gentlemen and ladies と言えるでしょうか．(3) の claim/claims は「主張する」→「クレームをつける」→

「不満を言う」の意味でしょうか．(4) の have a chat は動詞の chat と置き換えられますか．(5) の rain に「雨が止む」の意味はあるでしょうか．(6) の small を比較級の smaller にできるでしょうか．(7) の strong を dense または thick に置き換えられるでしょうか．

このような疑問は英語の語彙，つまり語の意味の問題ですが，以下でもう少し詳しくみてみましょう．

2.　有標と無標

尋ねる相手が年を取った人でも若い人でも「おいくつ？」という時は，old を用います．この old の原義は「老いた」ではなく「成長した」の意味です．したがって，次のような表現も可能になるのです．

(8)　You are old enough to be independent of your parents.
（親から独立してもいい年頃ですよ）

もちろん，old の反意語は young ですから，How young are you?（〈お若いようですが〉おいくつ？）といえますが，この場合は，〈　〉で示したように，相手が「若い」ということが前提になっています．

このような old—young の対比ですが，言語学的には old を無標の (unmarked) 語，young を有標の (marked) 語といいます．平たく言えば，無標とは「一般的」，有標とは「特殊な」という意味です．つまり，old は，相手が年配であろうが若かろうが，「いくつですか」と年齢を尋ねる場合に用いられますが，young は相手が若いということが前提になりますから，特殊な場合でないと使われません．

この「無標」—「有標」の考え方は old—young に限ったことではありません．例えば，目の前にある木を指して，その木の高さを How tall is this tree?（どのくらいの高さ？）と言います．この場合，How short is this tree? とは言いません．short を用いるときは「目の前にある木が短い」ことを認識した上で，「〈この木は短いけれど〉どのくらいの長さ？」となります．目の前の木の長・短に関係なく，単に木の大きさを尋ねている場合は tall になります．つまり，tall は無標であり，short は有標なのです．日本語でも目の前にある木を指して，その木が仮に短くっても，「長さはどのくらい？」というのと同じです．

3.　語彙とジェンダー

日本語では「男女」，「少年少女」，「善男善女」，「新郎新婦」，「夫婦」，「父母」，「天皇皇后」，「紳士淑女」のように男性が先に来ます．英語の場合も men and women（男女），boys and girls（少年少女）のように男性が and の前に置かれることが多いのですが，「新郎新婦」や「紳士淑女」の場合は bride and bridegroom，ladies and gentlemen のように女性が先に現れている例があります．

日本語の場合は，日本社会が長い間男性優位と考えていた名残でありましょう．しかし，英語の場合は日本語に見られるような性差はないようです．だとすると，bride and bridegroom や ladies and gentlemen はどのように考えたらよいのでしょうか．

英語では and による並列構造の場合，音節[1]の少ない語が and の前に置かれます．bride and bridegroom では bride は 1 音節で bride·groom[2] は 2 音節ですから，1 音節語の bride が and の前に現れます．ladies and gentlemen の場合は，la·dies が 2 音節語で gen·tle·men が 3 音節語ですから，ladies が and の前に置かれています．したがって，bride や ladies が and の前に現れているのは「女性優位」のためではありません．現に英語の教科書のタイトルに昔よく使われた Jack and Betty では男性を意味する Jack が and の前にきています．Jack は 1 音節で Bet·ty は 2 音節だからです．

この語順は英語のリズムの観点からも説明できます．英語は強弱または強

---

[1] 音節とは簡単にいえば，母音を 1 つ含む音のかたまりのことです．例えば，bride の発音表記は [braid] ですが，母音は [ai] のみで [b]，[r]，[d] はすべて子音です．したがって，bride は [ai] という 1 つの母音（ここでは二重母音）からなる音のかたまりですから，1 音節の語となります．

[2] bride·groom の中黒（·）は音節の切れ目を表しています．

弱弱のリズムを好みます.[3] したがって，bride and bridegroom と ladies and gentlemen のリズムは次のようになります.

(9) bride and bride·groom
強　弱　強　弱
(bride·groom and bride)
強　弱　弱　強

(10) la·dies and gen·tle·men
強 弱 弱 強 弱 弱
(gen·tle·men and la·dies)
強 弱 弱 弱 強 弱

Jack and Betty の場合も同じです.

(11) Jack and Bet·ty
強　弱　強 弱
(Bet·ty and Jack)
強 弱 弱　強

(　)に示した「強弱弱強」および「強弱弱弱強弱」は英語のリズムではないため，bridegroom and bride，gentlemen and ladies，Betty and Jack とは言いません.

4. カタカナ英語

日本語で「クレームをつける／文句を言う／不満を言う」という時の「クレーム」は英語の claim に相当します．しかし，この claim の本来の意味は call out（大きな声で言う）[大きな声で言う → 強く言う → 主張する] であって，「クレームをつける／文句を言う／不満を言う」の意味はありません．もし，日本語の意味の「クレームをつける」と言いたければ，complain という動詞を使います.

[3] 窪薗・溝越（1991: 147–151）および窪薗（2008: 85–86）を参照.

(12) She is always complaining that people are plotting against her.
(彼女はみんなが自分を陥れようとしていると常にぐちっている)

次の例にある access もその用法に注意すべき語です.

(13) They need access to good educational facilities.
(すぐれた教育施設にアクセスできることが必要だ)

コンピュータ時代ですが，この「アクセス」はコンピュータを使って教育施設のサイトに接続するという意味ではありません．英語の access は本来「接近，入り口」の意味なのです.[4] つまり，コンピュータに関係なく，「～に近づくこと」→「～を利用すること」の意味で使われています.

5. 語形成

動詞を接辞との結合という過程を経ずに名詞として使う用法は現代英語では普通に見られます．したがって，have a chat も動詞の chat と全く同じ意味で用いられています．ただし，この「have/take/give a X」型の構造[5]では X にどのような動詞でも使われるわけではありません．つまり，この構造にはいくつかの制約があります.

まず，この構造は口語的な表現であるということです．したがって，have a chat を have a converse と言い換えることはできません．chat も converse も「話，談話」の意味ですが，converse は口語的ではなく文語的な語だからです.

---

[4] OED (s.v. access *n.*) によりますと，access の意味は 'the habit or power of getting near or into contact with'「～に近づくことあるいは接触すること」であるとして，1382 年の次の例を初例としています.

(i) we han **accesse**, or *nyȝ goynge to*, by faith in to this grace
(*The Wycliffite Bible* Romans 5.2)
(我々は信仰によってこの恵みに導き入れられる（＝近づく))

この例では accesse に nyȝ goinge to (＝near going to)「～に近づく」という意味の注解 (gloss) が付されています.

[5] 竝木 (1985: 66) を参照.

次に，X に現れる語は一時的な行為を表す動詞に限られます．例えば，Let's have a rest.（一休みしよう）．また，繰り返しが可能な行為を表す場合にしか用いられません．例えば，*John had a kill of his cat.[6]（ジョンが猫を殺した）とはいえません．一度命を奪ったものをもう一度「殺す」ことはできないからです．

さらに，明確な目的を持った行為を表す文には通常使えません．例えば，John had a walk around the town.（ジョンは町を散歩した）は可能ですが，?John had a walk to the post office.[7]（ジョンは郵便局まで散歩した）とは言えません．つまり，漠然と散歩するのではなく郵便局という目的地に行くからです．

上で，この have a X 構文における X は接辞付加なしで動詞から名詞になっていると言いましたが，正しくは無形の接辞（-ø）[8] が付加して動詞が名詞に「転換」(conversion) されているのです．次の図式を見てください．

(14)　avoid (v.) ＋ -ance → avoidance (n.)
(15)　chat (v.) ＋ -ø → chat (n.)

この図式で明らかなように，(14) では動詞の avoid（避ける）に接尾辞 -ance が付加して名詞 avoidance（避けること）が派生しています．(15) では，このプロセスと同じように，動詞の chat（話す，おしゃべりをする）にゼロ接尾辞 -ø が付加して名詞 chat（話，おしゃべり）が形成されています．

これと同じ現象は rain (n.) → rain (v.) にも見られます．この場合も次のような図式が成立します．

(16)　beauty (n.) ＋ -ify → beautify (v.)
(17)　rain (n.) ＋ -ø → rain (v.)

(16) では名詞の beauty に動詞を派生する接尾辞 -ify が付加されて動詞の

---

6 * 印は正しい英文ではないことを意味します．
7 文頭の ? は，英語を母語とする話者の中には，この文は正しいとする人もいることを意味します．
8 ø は目に見える形ではない接尾辞の意味です．

beautify（美しくする）が生じます．これと同じように（17）では名詞の rain にゼロ接尾辞 -ø が付加されて動詞の rain（雨が降る）が形成されます．問題はこの転換で生じた動詞の rain に「雨が止む」という意味が出てこないことです．

「雨が止む」を英語で表現すると stop raining あるいは not rain となります．つまり，stop または not という語が必要になります．ところが，上でみたように，名詞 rain を動詞にしているのは無形のゼロ接尾辞 -ø です．この無形の接尾辞が否定の意味を持つ語である stop や not の代わりをするのは荷が重すぎるのです．現に，次のような例が見られます．

(18) She boned the fish.（魚の骨を取り除いた）

(19) She deboned the fish.

(18) の場合，名詞の bone（骨）がゼロ接尾辞 -ø 付加によって動詞の bone（骨を取り除く）になっています．しかし，(19) のように，否定を表す接頭辞 de- が付加された debone という動詞が使われることも多いのです．[9] つまり，「骨を取り除く」とは否定の意味を持ちますので，この「否定」をゼロ接尾辞 -ø に負ってもらうのは無理があるため，動詞 bone に代わって debone が使われていると考えられます．

次も語形成の問題[10]ですが，複合語について見てみましょう．

6. 英語の複合語

上に挙げた (6) の small を比較級の smaller にすることはできません．この small talk は「世間話」という意味の複合語だからです．

英語の語彙には複合語が多くみられます．複合語とは2語（あるいは2語以上）が1つになって別の語になっている語のことです．ここに挙げた small talk は形容詞の small と名詞の talk が結合して生じた語であり，

---

[9] 影山 (1999: 86) を参照．

[10] 英語の語形成については米倉 (2006) および米倉 (2015) を参照．

black（黒い）と名詞の board（板）が1つになって，blackboard（黒板）という新しい語が生まれます．

日本語では「黒板」と「黒い板」のように表記上（あるいは形態上）で区別できます．「黒板」は（複合）語ですが，「黒い板」は（名詞）句です．ところが，英語では日本語のように表記によって語と句を区別することはできません．例えば，black board と離して表記しても，blackboard のように離さないで1語で表記しても「黒い板」と「黒板」の区別にはなりません．

それでは英語では「黒い板」と「黒板」はどのように区別するのでしょうか．1つの方法としては発音で区別します．「黒い板」の意味では board に第1強勢が置かれて black **board** となり，[11]「黒板」の意味では **black**board と black に第1強勢が置かれます．

英語の多くの複合語は右側にくる単語が複合語の品詞を決める役割をし，また複合語全体の意味の中核となります．上の例でいえば，blackboard の右側の board が名詞なので blackboard は複合名詞となり，blackboard の意味の中核もこの board が担います（特別な用途に用いられる「板」の意味）．このような役割をする右側の要素を複合語の主要部と呼びます．

しかし，英語には主要部を持たない複合語があります．例えば，pickpocket（すり），egghead（知識人，インテリぶる人），busybody（おせっかい者）では pickpocket は pocket（ポケット）のことではなく，egghead は head（頭）と同じではなく，busybody も body（身体）ではありません．これらの複合語は，主要部がないという意味で，日本語の「野次馬」，「猫舌」，「横綱」のような複合語と同じです．[12]「野次馬」とは「事故現場などに物見高く集まる人」で馬の1種ではありませんし，「猫舌」とは「〈熱いものが苦手な〉猫〈のような〉舌を持っていること〈またはそのような人〉」の意味であり，「横綱」とは「相撲で，力士の最高位あるいは最高位にある力士」の意味で，「綱」の一種ではありません．

さらに，この主要部が動詞由来の単語から成っている複合語があります．

---

[11] 太字は第1強勢が置かれていることを意味します．
[12] 竝木（2009: 33）を参照．

この複合語では，以下のように，その文法的関係が異なるという特徴がみられます．

(20) fine-smelling（素敵なにおいのする）
(21) good-looking（器量のよい）
(22) good-tasting（良い味のする）
(23) parent-depending（親のすねをかじっている）
(24) rights-insisting（権利を要求する）

（大石（1988: 125））

(20) から (22) は「形容詞＋動詞の -ing 形」の複合形容詞ですが，fine, good はそれぞれ動詞 smell, look, taste の補語になっています．つまり，smell fine（素敵なにおいがする），look good（器量がよい），taste good（良い味がする）から派生した複合形容詞です．いっぽう，(23) と (24) は「名詞＋動詞の -ing 形」の複合形容詞ですが，parent と rights は前置詞 on の目的語になっています．つまり，depend on parents（親に頼る），insist on rights（権利を強く要求する）から派生した複合形容詞です．

7. コロケーションとイディオム

(7) にあげた「濃い紅茶」を英語にすると strong tea となります．この strong を dense や thick に置き換えることはできません．これはコロケーションの問題です．

コロケーションとよく似た表現にイディオムがあります．イディオム (idiom) とは，日本語で「成句」ですが，コロケーション (collocation「連語」) とは区別されます．先ず，イディオムですが，例えば kick the bucket（死ぬ，くたばる）を例にとりましょう．この成句は文字通りの意味は「バケツを蹴る」ですが，「死ぬ，くたばる」の意味では bucket を ball や foot に入れ替えることはできません．動詞の kick と名詞の bucket を結合することで初めて「死ぬ，くたばる」の意味となるからです．つまり，意味的にみて kick と bucket の結びつきが強い構造ですから，他の語にすると「死ぬ，くたばる」の意味ではなくなります．

いっぽう，コロケーションですが，例えば次の英文をみてみましょう．

(25)　John got a good grade in math.
（ジョンは数学でいい点を取った）

この例の get a good grade は「いい点を取る，いい成績を取る」では get を have に入れ替えることが可能です．また，grade を mark や results にしても意味は「いい点を取る，いい成績を取る」になります．[13]

このようにコロケーションの場合はイディオムのようにその構成要素の結びつきは強固なものではありませんが，だからと言って，全く自由に他の語と入れ替えられるわけではありません．

次の英文（中高生レベルの英語）ではどこにコロケーションの間違いがあるか考えてみましょう．[14]

(26)　When I see a bad dream, I close my eyes in the dream.
（悪い夢を見るとき，夢の中で目を閉じます）

(27)　We have to discuss about this situation.
（この状況について私たちは話し合わなければならない）

(28)　I do not take breakfast, because I get up late.
（起きるのが遅いので，朝食は食べない）

(29)　We do school festival in autumn.
（秋には学園祭を開催します）

(30)　I made a good memory and a lot of good friends.
（私はいい思い出といい友達をたくさん作りました）

(26) の「夢を見る」は動詞 dream を使うかまたは have a dream となります．(27) の discuss は about を必要としません．したがって，discuss this

---

[13] ただし，make the grade はイディオムです．例えば，I wonder if she will **make the grade** as a singer.（彼女は歌手として成功するかしら）では make や grade を他の語に入れ替えることはできません（木塚 (1995: 231) を参照）．

[14] 堀 (2011: 25–27) を参照．引用も堀 (2011: 25)．

situation となります．ただし，discuss を名詞にすると have a discussion of/about/on と前置詞が必要になります．[15] (28) は have/eat breakfast となります．(29) は「学園祭を開催する」の意味ですが，動詞は do ではなく have/hold/celebrate が一般的です．(30) は「思い出を作る」の意味ですが，make a memory とは言えません．I made this a memorable event. あるいは I made this event memorable. にする必要があります．

このようなコロケーションの問題は同義語の問題でもあります．例えば，日本語の「はやい」を例にとれば，英語ではどのような語と結びつくかによって「はやい」を意味する語が異なります．「速く走る列車」(速度が速い) は fast trains,「早い時間に発車する列車」(時間が早い) は early trains,「すばやい返事」(動きが早い) は a quick reply,「早い話が」(比喩的な意味) は in short (または in brief) となります．[16] つまり，日本語の場合も結びつく語によって「速い」あるいは「早い」のように異なる漢字が使われていますが，英語でも (　) に示したような意味の相違がみられます．

8. おわりに

英語の語彙について基本的な事項を述べてきましたが，語彙の場合も，強勢やリズムなどの音 (声) に関するものや文法に関する事例にも注意する必要があります．

本講座では英語を教える教師の立場から語彙をとりあげていますが，多くの点で英語を学ぶ児童・生徒の学習にも共通すると言えましょう．例えば，英語の語彙ではコロケーションが大変重要になりますが，ある語が他の語とどのような結びつきをするかにつては結びつく語と一緒に記憶するほうが英語習得への近道といえます．例えば，fast と quick の違いは fast trains, a quick reply と覚えるのが効果的でしょう．

我々にとって，日本語は母語ですから，日本語に関する知識は自然に身に

---

[15] 例えば，We had a long **discussion about** dogs vs. cats as pets. (ペットとして犬と猫のどちらがよいかをめぐって長々と議論をした) (市川・他 (2003) を参照).

[16] 堀 (2011: 33) を参照.

ついている場合が多いのですが，自然に身についているのではない英語は外国語として学ばねばなりません．だとすると，学ぶことが多すぎると思われましょう．しかし，基本的な事柄を習得すれば仮に新しい事柄に直面しても類推で乗り切れることが多いのです．例えば，英語の発音は単語の数だけあるのですが，bit は [bit] と発音し，語末に -e のある bite の発音は [bait] だと知っていれば，綴り字で語末に -e のある単語の多く，例えば wife は [wif] ではなく [waif]，name は [næm] ではなく [neim] と発音すると予想できます．

最後に，最近では語彙の意味を認知言語学（cognitive linguistics）のメタファー論（metaphor）で説明する試みがなされていることを簡単に述べておきます．[17] 次の英文をみてください．

(31)　I have him in sight.
（私は彼を視界の中にもっている）

(32)　He is out of sight now.
（彼は今視界の外にいる）

直訳すると日本語の意味は（　）に記したようになります．これは自分の肉体を外界から区切られた存在として認識し，自分自身を 1 つの容器として捉えるというもので，「容器のメタファー」(container metaphors) と呼ばれています．上記の (30) と (32) の例では「sight（視界）」を 1 つの容器として概念化しています．つまり，(31) は「彼を私の視界という容器の中に入れている」=「彼は私の見えるところにいる」，(32) は「彼は私の視界という容器の中にはない」=「彼は私の見える範囲にはいない／もう彼は見えない」となります．[18]

---

[17] 堀 (2018: 199–219) を参照．
[18] 河上 (1996: 57) を参照．

参考文献

堀正広 (2011)『例題で学ぶ英語コロケーション』研究社，東京.

堀正広 (2018)「コロケーションとイディオムと認知 ― 語と語の結びつけを探る」『英語学が語るもの』，米倉綽・中村芳久 (編)，199–219，くろしお出版，東京.

市川繁治郎・他 (編) (2003)『新編英和活用大辞典』研究社，東京.

影山太郎 (1999)『形態論と意味』くろしお出版，東京.

木塚晴夫 (1995)『英語コロケーション辞典』ジャパンタイムズ，東京.

河上誓作 (1996)『認知言語学の基礎』研究社，東京.

窪薗晴夫 (2008)『ネーミングの言語学 ― ハリー・ポッターからドラゴンボールまで ―』開拓社，東京.

窪薗晴夫・溝越彰 (1991)『英語の発音と英詩の韻律』英潮社，東京.

文部科学省 (編) (2017) We Can (1) & (2).

竝木崇康 (1985)『語形成』大修館書店，東京.

竝木崇康 (2009)『単語の構造の秘密』開拓社，東京.

大石強 (1988)『形態論』開拓社，東京.

Simpson, John A. and Edmund S. C. Weiner (prepared) (1989) *The Oxford English Dictionary*, Oxford University Press, Oxford. (CD-ROM 4.0 Version). [OED]

投野由紀夫 (2005)『コーパス英語類語使い分け 200』小学館，東京.

米倉綽 (編) (2006)『英語の語形成 ― 通時的・共時的研究の現状と課題』英潮社，東京.

米倉綽 (2015)『歴史的にみた英語の語形成』開拓社，東京.

第4章

語彙の実践*

西原哲雄
（宮城教育大学）

1. 語彙習得に関わる基本概念

ここでは，語彙習得に関わる基本的概念や傾向を，まず以下に提示することにする．使用頻度の高い語と低い語との関係性については，以下のように定義することが可能である．

(1) 使用頻度の高い語の理解度は高く，使用頻度の低い語は理解度が低い．

しかし，上記のように使用頻度が低く，理解度の低い語であっても，音読などを使用した，学習指導で改善されることは多いようである．
単語の習得には，さらに，以下のような項目についても，その重要性が指摘されている．

(2) 単語の語義ネットワークの構築が有益である．

「語義ネットワークの構築」の例としては，単語の習得に，ランダムに無意味な単語を列挙して，習得するよりも，ある種の語と語の間の関係性や関連性があるほうが，習得しやすいということを意味している．たとえば，以下のような「カナリア（canary）」という単語の語義ネットワークを構築するこ

* 本章は「小学校英語の授業に生かせるスキルアップ講習講座　語彙2」での，講習の内容をもとに加筆・修正し，発展させたものである．

とは有益であり，以下にその一例を提示することにする．

(3) カナリア：canary＝bird＝pet＝sing＝yellow

どのような形にしろ，上記のような語義ネットワークの構築は，語彙習得に欠かすことのできない制約といえる．

また，語彙と語彙のイメージの関係性も，重要な役割をしているといえる．次に示すような制約とそれに関連する語の構築を示すことにする．

(4) 語彙の意味をイメージと結びつけることが重要である．

すなわち，語の意味とイメージを結びつけやすい語は，語のイメージと結びつけにくい語よりも習得しやすいことになる．それゆえ，一般に，抽象語彙よりも具体語彙のほうが，習得されやすいと考えられる（以下参照）．

(5) 具体語彙：book，dog，fish ＞ 抽象語彙：kind，happy，sad

したがって，イメージ性が高い語の方が，低い語よりも学習課題においても想起されやすい．上位語と下位語，類義語（同義語），反対語（対義語）という関係性も習得には必須条件である．ただ，相澤（2018）によれば，反対語（対義語）というグループ類よりも，類義語（同義語）というグループ類の語彙のほうが，習得時に，混乱，混同を引き起こしやすく，習得しにくいとも指摘されている．

(6) 対義語：big＝small ＞ 同義語：big，tall，fat，high　（相澤 2018）

また，相澤（2018）によれば，対義語では，対になっているどちらかをもう一方よりも早く，獲得するということがあると，述べている（以下参照）．

(7) fat ＞ thin/high ＞ low/long ＞ short　（相澤 2018 を一部改変）

人間は，単語（語彙）を脳内に登録，収納することができ，これは，紙などでできた英和辞書などとは区別され，心的辞書（メンタル・レキシコン：mental lexicon）と呼ばれている．

この心的辞書には，語彙に関わるさまざまな情報が，登録されており，それらは語彙の意味，品詞，音声，つづり字などであり，それらの概要は

“book” という単語の例を用いて，以下のように示すことができる．

(8)　語彙の登録：　音声：　[buk]
　　　　　　　　　強勢：　母音の [u]
　　　　　　　　　意味：　本
　　　　　　　　　綴り字：　book
　　　　　　　　　品詞：　名詞

このような，語彙に関わる様々な情報を，人間は発話のたびに，心的辞書から，選び出し，使用していることになる．

このような，語彙の使用については，自らが意味を理解し，綴り字も書くことが可能で，文章を作成することのできるような語彙類は能動的語彙（active vocabulary）と呼ばれ，目で確認し，おおよその意味などは，理解できるが，実際に自分自身で自由に使用できない語彙類は受動的語彙（passive vocabulary）と呼ばれ，区別されている．

通常，一般人（学生など含む）では，受動的語彙が，能動的語彙よりも多く習得，理解されているのが，このことは，現代社会においては，「読む」という行動が非常に多いことに起因している．一般的であるただし，研究者（指導者）などでは能動的語彙などの方が受動的語彙よりも多いことが好ましいとされている（門田・池村 2006，大塚 1956 を参照）．

寺澤（2016）によれば，さらに，大きな語彙習得での問題は，いわゆる「一語一義主義の問題点」であり，英和辞典など単語の意味を調べた際に，1 つの単語に，複数の意味が存在するにもかかわらず，最初に記載されている，1 つだけの意味のみを充当させることである．

さらに，語彙習得で，海外の研究においても，興味深く，注意すべき点としては，以下のような内容も重要である．

(9) a.　In many languages, more frequent words are generally shorter (Zipf 1932)
（多くの言語において，使用頻度の高い単語は一般的に，より短い単語である）

b. The status of frequency: "time" is pronounced significantly shorter than "thyme" because "time" is (much) more frequent than "thyme". (Gahl 2008)
(使用頻度の内容：time（時間）という単語は thyme（植物）という単語よりも短い時間で発音され，その理由は time（時間）という語のほうが，thyme（植物）という単語より，より使用頻度が高いからである）

(9a) からは，言語間において，使月頻度の高い語はその長さが「短い」ことを示している．普段，我々が使用している日常語は，使用されることが少ない医学などで使用される専門用語よりも「短い」といえる．

また，(9b) からは，同じ発音でも，time, thyme（タイム：植物）では，日常語で使用されることの多い，time のほうが，使用されることがすくない植物の一種である thyme より発話時間が短いという，音声上での違いが存在することを指摘している．

それゆえ，日常語でないような語を提示（発音）する時は，日常語よりも，よりゆっくりと発音することが，聞き手の理解度を上昇させることになることにも注意したい．

2. 実際の指導法について

前章で，見た語彙習得に関わる基本概念などを，念頭に置いたうえで，小学校の英語の外国語や外国語活動のテキストの指導法等を概観してみたい．

例えば，初期の暫定テキストであった Hi. Friends1 unit1 で提示されている語彙を例に挙げてみたい．以下に見られるような語彙群が挙げられている．

(10) What country is this?（例えば，このような質問をする）
It's Japan / Australia / Korea / Russia / France / India / America / Kenya / Brazil

などが提示されており，これの国々は児童たちに身近な国々であり，しっかりとした，発音指導で十分と考えられるが，児童たちに身近な国であるヨーロッパの 1 つの国である，イタリア（Italy）を提示することにより，児童たちの知っている単語である「かかと」(heel）を明示することで，単語の意味の拡張をおこなう格好の機会であることは言うまでもないことであろう．以下のその提示例を示す．

（11） Italy → heel（イタリアはかかとの地形：靴下のかかと，チーズピザ，パンの端などを意味する → 多義性の理解・習得　（寺澤 2016）

上記のような，単語の多義性を利用することで，ある種のネットワークの構築につながることとなり，以下のような表現も語彙習得には有効だと思われる．

（12） a. hand：手 → 時計の針，ear：耳 → コップの取っ手
b. foot：足 → テーブルの脚，face：顔 → コインの表
c. nose：鼻 → 船首，mouth：口 → 出入り口
（寺澤 2016）

一方，新しい暫定テキストである，We Can! 1 unit1. では，以下のような語彙が提示されており，一見，語彙類になんの注意も払う必要がないように思われるが，これらの単語が「複数形」で用いられていることには注意するべきであろう．普通可算一般名詞の総称が，英語では，「複数形」で用いられることは指導者としてはおさえておきたいところである．

（13） a. colors，foods，TV programs，sports
b. Hi, my name is Kazu. I like cats and dogs.

一般的に，英語の普通可算名詞の総称を示すときには，次の 3 つが，その主な表記方法であるが，上記で述べたように通常は，「複数形」が用いられることが頻度としては一番高い．

(14)　英語の普通可算名詞の総称 (book)

a.　book (不定冠詞＋名詞)

b.　the book (定冠詞＋名詞)

c.　books (複数形)

もちろん，このようなことを児童たちに，文法の一部として教える必要性はないが，指導者としての知識の一部としては理解しておくことが望ましいと，いえるであろう．

Hi, friends 1 unit 1 での国名の表記について，再度，見てみたいとおもう．ここでは，以下のように日本人にも身近な国であるが列挙されていない国々を挙げて，検討してみたい．

(15)　Switzerland / The Netherlands / Sweden / Norway / Spanish

このよう国々も，日本人には身近ではあるが，その発音になるとなかなか，正しく理解されていないのが実情である．例えば，英語の The Netherlands は日本では，英語の発音ではなく，ポルトガル語の発音である「オランダ」が広く定着しており，英語の国名の「ザ・ネザーランズ」は一般に浸透しているとはいいがたい．同様に英語の起源となった国である「英国」も，日本では上記と同様にポルトガル語である「イギリス」が浸透していることや，「イタリア (Italia)」もイタリア語のカタカナ読みであり，英語では Italy (イタリー) であることにも注意したい．

Hi, friends 1 unit3 においては，感情などを示す形容詞が提示されているので，それらの単語の「語義ネットワーク」の 1 例を示してみたい．

(16)　How are you?

a.　I'm happy

b.　I'm hungry

c.　I'm sleepy

d.　I'm fine

e.　I'm tired

f.　I'm sad

上記のような類例で，使用されている形容詞の習得を進めるために，「反義語との対比」という観点から，これらの類例を以下のように，提示してみる．

(17) a. I'm happy/I'm sad
b. I'm fine/I'm sad
c. I'm fine/I'm tired

一方で，「(負のイメージの) 同義語・類義語」という視点から，類例を提示すれば，以下のようになる．

(18) a. I'm sad/I'm tired/I'm hungry

さらに，相澤 (2018) では「同義語」の列挙は学習者に混乱・混同をもたらすとしているが，小学校英語のレベルにおける，語彙習得においては，「同義語」の列挙でも，語彙習得の促進になると思われる．

(19) a. I'm happy/I'm fine
b. I'm tired/I'm sad
c. I'm sleepy/I'm tired

このように提示することで，「語義ネットワーク」の効果によって，これらの語類の定着を目指すことは可能である．

Hi, friends 1 unit 4 では，How many ～？構文と答えとなる単語が提示されているので，その一部を挙げてみる．

(20) a. How many dogs?
b. How many cats?
c. How many apples?
d. How many lemons?

(20) のような質問での，1 つの答えとなる lemon という単語 (単数形) にも，イメージづけが習得には効果的であると思われる．日本人にとって，lemon は，清涼感がある好意的な単語として理解されているが，英米人の文化の中では，「酸っぱい」「好ましくないもの」と理解されていることを提示することは重要であり，次のような簡単な英文で，子供たちの興味を引くことは可能である．

(21) This car is a lemon.
(この車はレモンです→この車はポンコツです)

さらに，この lemon に砂糖と炭酸が入ると，英米人が好きな飲み物である lemonade（レモネード）となり，意味合いの変化も提示し，最後にこの lemonade（レモネード）が日本語に外来語としては入ったのが「ラムネ」であることも「イメージづけ」の効果的な使用法の一例となろう．

また，テキストでは出てこないが，peanut（ピーナッツ）とゆうような身近な単語においても，英語本来に意味としては「つまらない人」という悪い意味で，日本語とは明らかに異なっている意味の提示も学習者たちには「イメージづけ」がされる 1 つの要因となると考えられる．レモネードの例と同様に peanut（ピーナッツ）も，peanut-butter sandwich（ピーナッツ・サンドウィッチ）になると，英米人にとってはお気に入りの食べ物に変わることも，定着のための方策である．

Hi, friends 1 unit 6 では，What do you like? という疑問文の提示とその受け答えが内容となっている．以下のようなやり取りになる．

(22) What do you like?
I like T-shirt/I like books/I like dogs

(23) What color do you like?
I like blue/I like red/I like green

(23) のような，やり取りでは，単純に質問と答えを繰り返すのではなく，「やりとり」の定着のために，それぞれの答え「色」についての「イメージづけ」がなされれば，よりこれらの語彙定着は効率がよくなると思われる．

(24) a. イメージづけ：blue (食欲がなくなる傾向)
b. イメージづけ：red (視覚的に近くに見える：信号／リボンの色では「愛情」を示す)

c.　イメージづけ：green（リボン：赤と比較して「友情」を示す）

また，green という単語においては，カタカナ発音に基づく，農作物栽培に用いられている，green house（グリーン・ハウス）という単語も，一般に，知られているが，この場合の green（グリーン）は色彩の「緑（色）」というものではなく，その意味が「野菜」であるということを教示することで，単語の定着とその多義語性を期待することができる．

3.　結語

本章では，語彙習得に関わる重要な基本概念を提示し，そのうえで，実際の小学校英語のテキストの一部ではあるが，基本概念など基づいた指導例をいくつか，明示したものである．

一部で発展的内容を扱ったが，本章が，現場の小学校英語に関わる先生方の語彙指導の教授法の，一助にでもなれば，幸いである．

参考文献

相澤一美（2018）「英語教育と語彙習得研究」『英語教育と言語研究』，西原哲雄（編），37–59，朝倉書店，東京．

Gahl, S. (2008) "Time and Thyme are not Homophones: The Effect of Lemma Frequency on Word Duration in Spontaneous Speech," *Language* 84, 474–496.

門田修平・池村大一郎（2006）『英語語彙指導ハンドブック』大修館書店，東京．

大塚高信（1956）『英文法点描』泰文堂，東京．

寺澤盾（2016）『英単語の世界』中央公論新社，東京．

Zipf, G. K. (1932) *Selected Studies on the Principle of Relative Frequency in Language*, Harvard University Press, Cambridge, MA.

第Ⅲ部

文法

第5章

文法の理論

八木克正
（関西学院大学名誉教授）

1. はじめに

小学校の英語教育の中で英文法はどのような役割を果たすのだろうか．その問いに答えるために，まずそもそも文法とは何か，という点から考えることにしよう．次に，言語の学習は語彙の習得から始まるという前提から，語彙，成句，コロケーション，パタン，文法構造という一連のつながりを考えるとどうしても文法を活用せざるを得ない状況に至ることを述べる．

さらに，コミュニケーション能力に必要な文法とは何か，という観点から，英文法の基礎となる，品詞分類，文型，動詞に関連した事項（動詞のパタン，時と時制・相，法），名詞の可算・不可算，名詞のパタン，形容詞の叙述用法・限定用法，形容詞のパタンについて考えることにしよう．

本章は，小学校の英語教育は，英語の単語を覚えたり，ゲームをしたり，オウム返しの発話といった機械的練習だけではなく，中身のあるコミュニケーションの基礎になる文，あるいは発話につながるものでありたいという前提に立っている．

2. 明示的文法と内在的文法―母語習得と外国語学習の観点から

日本語を母語（mother tongue）とする私たちは，明示的な形で日本語の文法を学んだわけではない．呼吸をするようにいつの間にか身についた（と思っている）のが母語である．「いつの間にか」と言っても，実は身の周りの大人の話しかけがなければ母語は育たない．

母語の習得は「パパ，ママ，マンマ」というような言葉を事物に対応して覚えることから始まる．語彙のレベルから，「あれはワンワン，これはニャン」と言えば，すでにこれは文の形式（名詞文）を教えていることになる．子供の言葉の発達はまわりの大人の話しかけによって発達する．それが不十分であると言葉の発達が遅れることは必定である．「あれ」「これ」は指示代名詞であり，「ワンワン」「ニャンニャン」は名詞であるが，そんなことは誰も教えないし学ぶ必要もない．

同様に「かわいいネコ」の「かわいい」は形容詞であり，「ネコ」は名詞であるなどと教える必要はない．だが結果的には「形容詞＋名詞」の形式を教えているのであり，「かわいネコがいるね」は「形容詞＋名詞」が名詞句になること，さらには「いる」ことを表現する存在文の形式を教えている．「かわいいネコ」を覚えると，文の形式をした「あのネコ，かわいいね」（形容詞文）と言えるようになるのは時間の問題である．

このように，母語習得においても，子供は周囲の大人から具体な表現を通じて文法を学習している．1歳を過ぎれば，日本語の基本文型はすでにインプットされており，発話できるようになるのも時間の問題である．しかし，小学校英語は母語の日本語を習得するように学ぶことは望むべくもない．

語彙は比較的教えやすい．実物や絵を見せてそれに対応する英語を教え，それを反復すればいつか定着する．問題はそれから先である．単語を並べて句や文を組み立てることは簡単なことではない．単語を組み合わせて句や文を作る規則は言語の中に存在するが，その規則を自然に習得するには大量のインプットが必要である．a book，an apple，a persimmon，an orange という冠詞と名詞の結合という基本的結合を習得することすら簡単ではない．小学生に a と an の選択の規則性を説明なく「気づかせる」ことは期待できないであろう．

two oranges になるとどうして -s をつけるのか，two sheep はなぜ -s がいらないのかなどは，すべて背後に文法的理由がある．この，背後にある文法を「内在的文法」と言うことにしよう．それに対して「orange が2つ以上

ある時は -s をつける」と説明すればそれは「明示的文法」である．horse は orange と同じように 2 頭以上いると -s をつけて two horses となる．だが，sheep は 2 頭以上いても sheep のままである．これをどう説明するのか，あるいは説明しないでただ覚えさせるのかは，現場の教員のその場の判断で変わる．

明示的文法と内在的文法をどの程度使い分けるのか，その区別は大変難しい．しかし，例えば，「ア，イ，ウ，エ，オ」で始まる単語の前では an，そのほかの場合は a だとか，群れをなして生活している動物には sheep, deer, fish のようなものがあるが，これらはたくさんいても two sheep, five deer, many fish だということは，理解できてもできなくても話しておいてよいと思う．

このように明示的なルールとして説明する「明示的文法」と，意識していなくても言語の中に存在する「内在的文法」が存在することは明らかである．小学生に教える英語の授業に文法が必要かどうかという場合，明示的文法の範囲をどの程度まで広げるかという問題を語っているのと同じである．

本章筆者は，小学校の英語教育の中で明示的文法を語ることはできるだけ避けるほうがよいと考えている．だからといって，教える側の教員が知らなくてもよいということにはならない．どうして a book なのに，an apple になるのか，という質問があればそれには答える知識が必要である．本章はそのような観点に立っている．英語教育の指導者として，それ相応の総合的英語力をつけておきたい．

3. 語彙と成句，コロケーション

英語の学習は語彙を増やすことから始まる．身近なことを英語で，英語らしい発音で覚えることが必要である．

例えば，日常的に使う体の部位，すなわち，頭（head），額（forehead），頬（cheek），こめかみ（temple），耳（ear），耳垢（earwax），耳たぶ（ear-lobe），鼻（nose），鼻の穴（nostril），鼻くそ（snot），瞼（eyelid），眉毛（eyebrow），睫毛（eyelash），喉ぼとけ（Adam's apple）などが英語で言え

ることは最低限必要である．しかし，「頭をかく」は scratch my head,「耳掃除をする」は clean my ear holes であり，「鼻くそをほじくる」は pick my nose と表現できてこそ体の部位の呼び方を覚える値打ちというものだ．[1]「風邪で喉が痛い」は I have a sore throat from a cold. と言えばよいということも知っておきたい．基礎単語を学んで，さらにそれを使った表現法を知ることによって，自発的なコミュニケーション能力が育つ．

家にある物の名前をあげてみよう．テレビ (TV, TV set), 冷蔵庫 (fridge), 扇風機（electric fan），エアコン（air-conditioner），靴箱（shoe rack；学校の靴入れは shoe locker），郵便受け (mail drop)，傘 (umbrella) などなど．

では，TV を実際に活用してみよう．「リモコン（remote control）でテレビをつけて（turn on the TV），チャンネルを（channel）を地デジ（digital TV）の 10 チャンネル（channel 10）に合わせて（set），映画を観る（watch the movie）」．単語はわかっても，これらを繋げて表現することは容易ではない．話し手の語りとして英語にしてみよう（このような断りを入れるのは，英語には主語が必要であるという内在的文法の要請による）．I turn on the TV with the remote control. I set it to digital channel 10 and watch the movie.

“remote control” は覚えたが，「リモコンで」となると “by remote control” なのか “by the remote control” なのかきっと迷うに違いない．どちらでもよいだろうが，“by car” の例にならって “by remote control” とすることにしよう．with を使うとその冠詞の心配がなく上の例のようになる．「映画を観る」は “see the movie” と習ったが，テレビで観る場合は “watch the movie” となる．上の訳では「観たいと思っていた映画」という意味で “the movie” としたが，たまたまテレビに写っていた映画であれば “a movie” と表現することになる．

「リモコンで」を表す with や by は，remote control のような道具と仲良しの前置詞で，by と remote control は重要なコロケーションである．コロ

[1] 単語レベルでは head という基本形で表し，句レベルになると具体性をもたせるために所有者を話し手に想定し my head のように表すことにする．家にあるテレビなどは the TV と表す．

ケーションとは，仲良しどうしの単語のペアである．日本語の「傘」であれば「さす」が仲良しだが，英語では open the umbrella/spread the umbrella というコロケーションになる．「傘をたたむ」のは close the umbrella となる．umbrella と共に，このようなコロケーションも覚えていなければ実際に使う時に困るだろう．コミュニケーションを考えるならば，単語の習得だけですませるわけにはいかない．

さて，「(テレビ・ラジオ・電気を) つける」は turn on the TV/the radio/the light で動詞・副詞結合の形をした成句である．

単語を覚えることとそれをコミュニケーションレベルで使いこなすことの間には，大きなギャップがあることがわかるであろう．

4. 発話のために必要な英文法

上で，単語を使いこなすためには何が必要かということの一端を見た．コロケーションも大事だし，文法も必要であることに疑いをはさむことはできない．小学校の英語教育で，文法は不要と言うのは，単語を，しかも基本形だけを教えている場合にのみ言えることである．

冠詞の a を選ぶか the を選ぶか (a movie, the movie)，無冠詞にするか (by remote control, with the remote control) ということは文法上の問題である．個別の単語の選択であるコロケーション，一般性のある文法上の問題である冠詞の選択はそれぞれに英語を使いこなす重要な知識であることに間違いない．文法とは，このように，発話を豊かにするための道具である．

先の英文をすでに起こった事柄として表現すると，I turned on the TV with the remote control. I set it to digital channel 10 and watched the movie. となる．そこには turned, set, watched という動詞が重要な役割を果たしている．すでに起こったこと (過去のこと) を表現するためには，「動詞」「過去」という概念を知らなければならない．動詞という概念を理解するためには，「品詞」という概念を理解しなければならない．「過去」という概念の理解には「時制」の概念を知らねばならない．

5. 英語の品詞[2]

表現のための文法を理解するために，英語の品詞分類をみてみよう．物に名前がないと話ができない．物につけた名前は名詞（noun）である．その同じものを指して，いつも「長椅子」「体育館」などと言うのは面倒だ．だから，「あれ，これ，それ」という代用形を使う．これが代名詞（pronoun；pro- は「代わり」，noun は名詞）だ．机が「大きい」か「小さい」かを言うためには「形容詞」（adjective）がいる．机を作ったり運んだりするから，「作る」「運ぶ」というような「動詞」（verb）がある．「走る」「歩く」のような人の活動を言うのも動詞である．「速く」走る，「ゆっくり」走るのように，行動の様態を説明するのが「副詞」（adverb；ad は「付加する」，verb は動詞）である．「とても大きい机」というように形容詞を説明するのも副詞である．名詞，代名詞，形容詞，動詞，副詞はおそらくどの言語にもある基本的な品詞であろう．

英語にはこれらの基本的な品詞以外に，動詞の働きを助ける助動詞（auxiliary verb）がある．また，名詞がひとつかそれ以上かを区別するための冠詞（article；a，an，the）は同時に，話し手と聞き手にとって初めて話題になったか，了解済であるかを a，an と the で区別をする．名詞の前にきて，その名詞がほかの名詞との関係を表す前置詞（preposition；例：the book on the table の on），君と私（例：you and me の and）というように同じ種類のものを接続する接続詞（conjunction；con- は「共に」であり -junction は「接続」の意味がある），間投詞（interjection；inter- は「間に」の意味であり，-jection は「投げる」の意味である）と言われるものは，Oh, she's coming./Ah, she's coming. の oh や ah，oops（おっと）などがある．

間投詞は時に談話辞または談話標識と呼ばれるが，必ずしも同じものをさすわけではない．談話標識については第6章「文法の実践」に譲ることにしよう．

2　この節の記述は拙著『英語にまつわるエトセトラ』（研究社，2018，pp. 79–81）をもとにしている．

以上みてきた英語の品詞は全部で 10 個である．関係代名詞や不定詞も「詞」がつくが，品詞の仲間ではない．関係代名詞は代名詞の一種であるし，不定詞は動詞の原形である．I have nothing to do. の to do は to 不定詞と言われるが，前置詞 to と不定詞から成っている．

6. 文のタイプ分け

英語の文は，5 つのタイプに分けることができるという学説が公開されたのは 19 世紀の終わりころである．[3] 日本にこの学説が紹介されたのは 20 世紀最初で，それが今日まで約 100 年間続いている．続いているのはその学説が優れているからにほかならない．いろいろ批判はあるし，問題点もある．だが，動詞の働きを基本に考えて，動詞が目的語も補語も取らない場合（S V：I swim in the pool.），補語をとる場合（S V C：You are strong and brave.），目的語をとる場合（S V O：You helped me.），目的語を 2 つとる場合（S V O O：Jane teaches us English.），目的語と補語をとる場合（S V O C：That music drives me mad.）の 5 つに分類できることは，英語の基本構造を知るうえで極めて重要な発見である．[4]

日本語の文型は，「7 時に朝食を食べた」（動詞文），「この肉，柔らかいね」（形容詞文），「僕は小学生だ」（名詞文），それに「屋根にネコがいる」（存在文）のようなものが認められる．英語の文型とは全く異なる日本語の姿が現れている．英語では主語が必ず必要[5] で，動詞が文の中心になり，動詞の働きによって文型が決まり，さらに，時制や法も動詞の周辺に現れる．この基本構造の違いが日本語を母語とする我々の英語学習を難しくしている．

なお，英語の全ての文を 5 つに類型化できるわけではない．There is a book on the desk. は第何文型だろうか．疑問文を作ると Is there ... ? とな

---

[3] 拙著『斎藤さんの英和中辞典──響きあう日本語と英語を求めて』（岩波書店，2016, pp. 231–1）．

[4] 6 文型，7 文型といった考え方もあるが，これについては拙著『英語にまつわるエトセトラ』（pp. 99ff.）を参照．

[5] 命令文は主語がないが，これは主語の省略と考える．

るから，there が主語で is が動詞とすると a book は補語となって，S V C と考えることができるる．だが，is がなぜ選ばれたかというと，a book があるからである．books だと There are some books ... のように are が選ばれる．そうすると a book が主語と考えなければならない．主語は there か a book かいくら論争しても意味がないので，特別な例外構文と考えよう．

7.　動詞の変化形と時制・相

英語の品詞の中で動詞は特別な存在である．動詞の後に何が来るかによって文型が決まる．これだけでも決定的に重要な役割であるのに，動詞は形が変化する．変化することによって，時制，法，相が表現され，また，助動詞と共同で，疑問文・否定文を作る（Do you like fish?/I don't drink coffee. の do は疑問文・否定文を作る助動詞である）し，話し手の考え方（can は「可能」，may は「可能性」，must は「義務」など）が表現される．

7.1.　変化形

go は，go-goes-went-gone-going という5つの変化形をもつ．go は原形でもあり現在形でもある．原形とは，もとの形であり，辞書の見出しになる形でもある．go-goes は現在形, going は現在分詞形, went は過去形,[6] gone は過去分詞形という．

go/goes は現在形，went は過去形だが，未来形がない．ヨーロッパのほかの言語は未来形をもっている．英語も古くは未来形をもっていたが，英語が世界に広まるにつれて，未来形の代わりに will/shall＋動詞の原形を使うようになり，変化形としての未来形は英語の中から失われた．going は助動詞の be と共に進行形を作る．gone は助動詞の have と共に完了形を作る．eat のような他動詞は，be とともに受動態を作る．

ここで，eat を使って，現在時制，過去時制と未来時制の代用形の will を

---

[6] go の過去形がなぜ went になる理由の説明は長くなるので，拙著『英語にまつわるエトセトラ』pp. 20–21 を参照されたい．

使った例文をあげておこう．

(1) She *eats* cereals for breakfast.
(2) She *ate* some fruit after lunch.
(3) She *will eat* out with her family this coming Saturday.

これらの例文は，現在形，過去形，未来形の単純形である．単純現在形，単純過去形，単純未来形はもっとも基本的な形式である．

7.2. 相と時制の組み合わせ

相とは，動作が進行しているか，完了したかを表す動詞の形式である．英語では，動作が進行中であることを表す進行相と，動作が完了したことを表す完了相がある．進行相と完了相を表す例文をみてみよう．

進行相： I *am learning* to speak English.
(英会話を習っています)
完了相： I *have* just *finished* breakfast.
(朝食を済ませたところです)

さらに，進行相と完了相を組み合わせて，進行してきたことが完了したことを表す完了進行相がある．それは下のような例である．

完了進行相： I have been studying till now.
(今まで勉強していました)

これらの例では，am，have という助動詞が現在形であるから現在時制の文であることがわかる．だから，それぞれ現在進行形，現在完了形，現在完了進行形と呼ばれる．進行相と完了相は必ず時制と結合して使われる．これをまとめると，時制と相の組み合わせは，次ページの表のようになる．単純現在形，単純過去形，単純未来形が最も普通に使われるが，現在進行形，現在完了形は，次のような発話となって日常会話ではごく普通に使われる．

(4) Have you finished your homework?—No, not yet.
(5) She is singing.

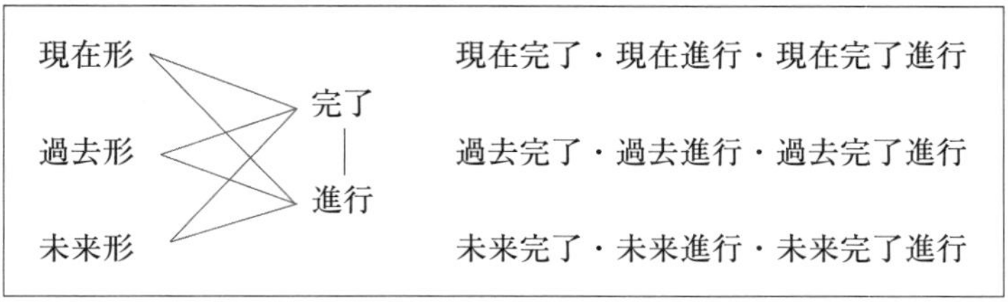

表 1

7.3.　法

英文法の中で仮定法が出てくるのは，高校課程になってからであろう．だが，「法」という概念を理解していないとなかなか仮定法が理解しがたいものになる．「法」とは動詞の変化形の一種で，話し手が事実ではないことを言う場合に使うのが仮定法である．「私が鳥ならば」（if I were a bird または if I was a bird）と言う場合，私は鳥ではないことが前提にある．現在の事実に反することを言う場合の動詞の形（be 動詞であれば were または was）が仮定法である．では，話し手が事実を話している場合の動詞の形はどう呼ぶのか．それは「直説法」という．事実を述べている場合の動詞の形は，英語学習の最初から出てくる．be 動詞以外の動詞の仮定法過去には直説法過去形と同じ形が使われる．

This *is* an apple. I *am* an elementary school child. Jane *is* a teacher. I *like* bananas. She *will* come tomorrow. で使われたすべての動詞の形は直説法である．

それに比べて，事実に反することを表現する仮定法の例をあげて見よう．事実は現在に反することを表現する仮定法過去，過去の事実に反することを表現する仮定法過去完了がある．現在のことを過去形で，過去のことを過去完了形で表して，注意を引いている．

仮定法過去：If I *knew* her, I would introduce her to you.
仮定法過去完了：He looked as if he *had seen* a ghost.

以上の 2 例は，それぞれ，As I don’t know her, I can’t introduce her to

you.（彼女のことは知らないので紹介できない）/ Actually he didn't see a ghost, but he looked like that.（実際には幽霊を見たわけではないが，そんなふうに見えた）という内容を表している．

8. 名詞

名詞は，5 文型の構成要素である主語（S），目的語（O），補語（C）になる重要な要素である．また，英語の初学者には身近にあるものの名前を知ることは，幼児が母語を覚えるのと同じで，言葉への関心を高めるきっかけとなる．英語の名詞にはいくつか注意しておくべきことがある．

8.1. 可算・不可算

数えられるか数えられないかは，冠詞との関連から最も重要な学習事項である．可算名詞の例をあげてみよう．不定冠詞をつけて，可算名詞であることを示した：a lemon, a dog, a cat, an apple, a banana, a soccer ball, a spider leg, a T-shirt；a group（グループ），a family（家族），a staff（スタッフ），a nation（国民），a committee（委員会），an elite（エリート集団），a crowd（群衆）．

group 以下は集合名詞だが，可算名詞であり，two groups, three groups などと数えることができる．elite は staff と同じく日本語の「エリート」「スタッフ」と違って集合全体を言うので，一人を言う場合は a staff member, an elite person などとする必要がある．

次に不可算名詞をあげて見よう：milk, water, coffee；pizza, pudding, cake；beauty, safety.

不可算名詞と言っても数えないわけではない．液体のものは容器で a glass of milk, a bucketful of water, a cup of coffee のように数えるし，個体は a slice/piece of pizza, a cup of pudding, a piece of cake のように言える．個体のものは形があるので，全体を言う場合は可算名詞となって a (whole) pizza, a pudding, a cake と言う．beauty, safety は抽象的な意味をもっているので，a ～ となることはないが，a beauty と言う場合は「美人」の意味で，人をさす．

大事なことは，ひとつの単語はいくつかの意味をもつために，それぞれの意味によって可算名詞になったり不可算名詞になったりすることである．coffee を例にとってみよう．

(6)　*Two coffees*, please.

これは，飲食店で注文をしている場合で，two orange juices と言うことも，three hot chocolates ということもできる．

(7)　Mocha and Kilimanjaro are the *two coffees* I like.
（モカとキリマンジャロは私が好きなコーヒーです）

コーヒーの種類を言う場合は可算名詞になる．

breakfast, lunch, supper, dinner は不可算名詞だが，形容詞が修飾している場合は a が必要になる．

(8)　I had *a* very *heavy lunch* today.
（今日は昼食をたっぷり食べた）

8.2.　名詞のパタン

book や kitchen のような事物の名前を表す名詞は後に to 不定詞をとるとか，動詞の -ing をとるという制約はないが，be 動詞の補語の位置にくる名詞（叙述名詞）は独特のパタンをとる．以下の例文をみてみよう．

(9)　*It's a shame that* you're sick.
（あなたが病気で残念です）

(10)　*It's fun to* be [being] with her.
（彼女と一緒にいると楽しい）

(11)　John *is a fool to* believe the rumor.
（その噂を信じるとはジョンも馬鹿な奴だ）

(12)　John is *a nuisance to* all of us.
（ジョンは私たちみんなのやっかい者だ）

(13)　*The fact is that* we all have some kind of secret.
（実は私たちはみんな何らかの秘密をもっている）

(14)　*His desire is to* get married to a Japanese lady.
（彼の望みは日本人女性と結婚することです）

a shame は it is ... that, fun は it is to ..., fool は to 不定詞, the fact は that 節, desire は desire is to ... のように独特のパタンをとる.

9.　形容詞

9.1.　限定と叙述

形容詞は a big house のように名詞の前に来て名詞の意味を限定する場合と, be 動詞や look, seem などの動詞の補語になる場合がある. それぞれの例をあげてみよう.

限定用法の例：
I heard an *interesting* story from her.（彼女から面白い話を聞いた）
John is a *funny* guy.（ジョンは面白い奴だ）

叙述用法の例：
She looks *young* for her age.（彼女は歳の割に若く見える）
I think her *honest*.（彼女は正直だと思う）

限定用法と叙述用法を区別するのは, 文法のための文法ではなく, 形容詞の中にはどちらかの用法しかないものがあるからである. asleep は, The baby was asleep in the crib.（赤ちゃんがベビーベッドで寝ていた）のように叙述用法で使われるが, the asleep baby とは言わず, the sleeping baby としなければならない. 一方 late は She was late today.（彼女は今日遅刻した）のように叙述用法が可能であるが,「遅刻した生徒」は the late student とは言えず, the student who was late のようにしなければならない. the late student は「今は亡き生徒」の意味になる.

9.2.　叙述的に使われる形容詞の用法

形容詞の叙述用法といっても，それぞれの形容詞は独特のパタンをとる．代表的なパタンをとった例をあげてみよう．

(15)　*It is* apparent *that* John likes Mary. (it is … that)
　　(ジョンがマリーを好きなのは明らかだ)
(16)　I'm sure you are sick. (人主語 is (that) 節)
　　(君が病気であることは確かだ)
(17)　*It is* dangerous *to* swim in the river. (it is … to do)
　　(この川で泳ぐのは危険だ)
(18)　John *is tough to* get along with. (人主語 is … to do)
　　(ジョンは付き合いにくい)
(19)　John *is anxious about* your health. (人主語 is … 前置詞)
　　(ジョンは君の体のことを心配している)
(20)　I'm not sure if she will marry me. (人主語 is … if/whether)
　　(彼女が私と結婚してくれるかどうかよくわからない)

ひとつひとつの形容詞のひとつひとつの語義について，それぞれに決ったパタンがあることを知って，必要に応じて英和辞典などで用法を確認する必要がある．

10.　まとめ

英語の学習を単語レベルだけで考えると文法は必要ない．だが，句のレベルになるとたちまち単数複数の選択，冠詞の選択などの文法が必要になる．文レベルになると時制や相，法といった文法が必要になる．英語によるコミュニケーションを目標とするならば，明示的な文法ルールとして教えるかどうかは状況によって異なるが，指導する側は当然知っておかねばならない．そのような考え方に基づいて英文法の基本事項を解説した．

参考文献

八木克正（2016）『斎藤さんの英和中辞典――響きあう日本語と英語を求めて』岩波書店，東京．
八木克正（2018）『英語にまつわるエトセトラ』研究社，東京．

第6章

文法の実践

高橋　潔
（宮城教育大学）

1.　英語のあいづち・言いよどみ表現

1.1.　言いよどみ

英語の学習者・教員なら，誰しも，あいさつ (greeting) からと思うかもしれないが，あいさつよりも先に学習しておくべき表現は，あいづち (back channeling) や言いよどみ (hesitation noise/gap filler) である．児童のみならず，おぼえたての表現で，ALT の先生などと会話しようとしても緊張して英語が出てこないというのはよくあることである．英会話の練習で先生から会話が始まることが多いが，そんなとき，とにかく何かを言いたいんだけれど，英語が思い出せないんだということが，相手に伝わらなければならない．

(1)　… er …「………，… えーと／あの／そのー …」(話の休み，ためらい．訂正など)[1]

(2) a.　… and uh …「… それで，えー …」(躊躇)

b.　Er … can I borrow a book?「あの～，本一冊借りていいですか？」

英語では次に言いたいことがすぐに出てこないとき，黙り込んでしまわずにこのような er/uh などの言いよどみ表現を用いることが肝要である．その

[1] 以下，例文は，主に参考文献中の書籍辞書及びインターネット上の辞書による．

理解の背景として沈黙（silence）やポーズ（pause）が，文化によって意味が異なることを教師が認識していなければならない．日本など高コンテクスト（high-context）社会では，公の場での率直な討論や不同意は嫌われる．沈黙やポーズの方が，自制の気持ちを伝えたり，異議を和らげるのに使われるなど，むしろ好まれる．逆に，英語圏や北欧語圏は低コンテクスト（low-context）社会[2]であり，言語で詳細まではっきり述べないとメッセージが伝わらない．話し方は直接的で，メッセージのほとんどはことばで伝えなければならない．そのため，英米人は，沈黙が苦手で，会話で沈黙が起こると居心地悪く感じる．何かを話しても，何の反応もないことが一番気持ち悪く感じられる．[3] だから，とりあえず，あいづちをうつことが大事なのである．さらにこのような場合に備えて学習すべき表現には

(3) Let me see. / Let's see. / Let me think. / Let's think.「えーと，確か…」

(4) Well, …「まー，えーと，そうね，そうですね，そうだね，やれやれ，おや，それで，さて」

などがある．(4) の Well は考えをまとめようとしている時のつなぎ語（link word）とも呼ばれる談話標識（discourse marker）で，その中で使用頻度 1 位とも言われており，児童にもぜひ身に着けさせたい英語表現である．Well, … は，英語が出て来ないときだけでなく，相手と意見が違うときも含め，何でもいいから，とにかく直前の発話とストレートに話しが続かないときや，考えているときに，沈黙を避けるために使われる．[4]

---

[2]「高コンテクスト，低コンテクスト」は Hall（1976）の意味．どのような国が高コンテクストか低コンテクストかについては，高橋（2017）などを参照のこと．

[3] 30 年以上前の伝聞であるが，キリスト教系のある短大で，提携先の大学から日本語の全く分からないアメリカ人教師を英会話講師に招いたが，英会話の授業で学生は「えーと，えーと，…」を繰り返すだけで，困ってしまい，日本人英語教師に What does "Edo" mean? と尋ねたそうである．日本人教師は It's an old name of Tokyo. と答えたが，後で事情が分かり笑い話になったそうである．

[4] Jucker（1993），高橋（2013）などを参照のこと．

(5)　… well … one thing led into another and …「… まー，いろいろありまして …」

Well が連続して使われるときは，単独の well とは意味合いが違ってくる．

(6)　Well, well.「やれやれ」(驚き)

(7)　Well, well, well.「おやおや」(驚き，避難，何か良くないことについて，第三者がいるような場面で)

他の沈黙回避言いよどみには，以下のように，hm/umm などがある．

(8) a.　hm …/hm./Hm?/Hm!/hem/hum/hmm/h'm/hmn
「へー，うーむ，んー」(新情報の受け取り，熟考，ためらい，疑問，発話を繰り返してほしい，など)

b.　Umm, anymore?　Oh, one more watch?[5]

c.　The topping has four kinds of cheese and honey.　Mmm … yummy.[6]

d.　Me?　Umm, I watch badminton.[7]

(8) には，話し手が話し相手に聞き返す機能を持っている場合もあることに注意する必要がある．

1.2.　応答のあいづち

Yes や No を含意しているあいづち表現もぜひ児童に覚えさせたい．

(9)　Uh-huh [ʌhʌ́, ʌŋhʌ́ŋ]「ふん，ふん，なるほど，えーえー」
(肯定，満足，相手の話を聞いていることを示す)

(10)　"Thanks." — "Uh-huh."「ありがとう」「うん」

(11)　"Are you going to the concert?" — "Uh-huh."
「コンサートに行くの？」「うん」

---

5 文部科学省 (2017: 131) の例文．
6 文部科学省 (2017: 131) の例文．
7 文部科学省 (2017: 133) の例文．

(9) の uh-huh は，唇も舌も使わずに，口を完全に閉じたまま鼻にかけて発声される場合が多い．第 1 音節はソフトで長い音である．それに続いて第 2 音節が上げ調子で発せられる．(10) のように肯定の意味で使われる場合が多いが，相手が話しているときに相手の発言権を認めていることを示すあいづちの働きも持っている．第 2 音節が下げ調子で発せられると以下の Uh-uh と同じように解釈されて反対の意味になるので注意が必要である．

不同意や不満足を表すあいづちは以下の Uh などが代表的である．

(12)　Uh [ʌ́, ʌ́ŋ] / Uh-uh [əhʌ́] / um [ʌ́m, ʌ́ŋ, əm, əŋ]

(12) は（鼻にかけて発音する）[日本語の不同意の「ううん」と同じような音調で]「あらら，あれまあ，あー，えー，あのー，ううん」（ためらい，疑念）を表している．口を閉じたまま発声される場合が多い．大抵首を横に振って発声される．第 1 音節は非常に短くて，一瞬音が途切れてから第 2 音節が下げ調子で発せられる．下げ調子という音調と首を横に振るという 2 つのパラ言語学的動作 (paralinguistic indication)[8] を伴うことを児童に明確に教えることがポイントである．いくつか例文を挙げる．

(13)　"Too hot?" — "Uh-uh.　No."「熱過ぎる？」「いえいえ」

(14)　"You think so, huh?" — "Uh-huh."
「君もそう思う？」「うんうん」

(14) の文末の huh? は，上昇調で，付加疑問節の働きをしていて「… でしょ？」「… だね？」を意味している．

1.3.　あいづち

日本語と英語ではあいづちを何に対して打つのかが，そもそも違っている．日本語は話し相手にあいづちを打つ．それに対して英語では話の内容にあいづちを打つ．そのため，日本語では，相手の言うことがどんなことであっても「あ，そう」と同一言語形式で話し相手にあいづちを打っているが，

[8] パラ言語学的動作とは，言語に伴う声色や身ぶりなどのこと．

英語では発話（utterance）の内容に対してあいづちを打つので，主語が何人称か，be 動詞か一般動詞か，助動詞か，過去か現在か未来か，肯定か否定かによって，あいづちの形式が違ってくる．母語では 1 つの言語形式が学習対象言語で複数の言語形式に分かれて対応する外国語学習の場合が，音韻であれ，単語であれ，文法であれ，表現であれ，語用であれ，一番難しいので，注意が必要である．

(15)　「… (どんな話でもよい)」—「あ，そう．」
(16)　“She’s married.” — “She is?” / “Oh, is she?”
(17)　“I went to Mr. Kato.” — “Did you?”
(18)　“He’ll go back to America.” — “Will he?”

次の 2 文は，話し相手の好き嫌いに「私も」と同感しているが，英語では肯定か否定かで形式が全く異なっている例である．

(19)　“I like baseball.” — “So do I. /《略》Me too.”
(20)　“I don’t like baseball.” — “Neither do I. /《略》Me (,) (n)either”

(19) (20) は下記の否定疑問文への返答の仕方の「はい・ええ／いいえ」と “Yes / No” の返答の仕方の違いにも見られる現象で，日本語は話し相手にあいづちを打つのに対して英語では話の内容にあいづちを打つという違いが端的に表れている．

(21)　Q:　「お寿司好きじゃないの？」“Don’ you like sushi?”
　　　A:　「いいえ，好きですよ．」“Yes, I do.”
　　　　　「ええ／はい，好きじゃないです．」“No, I don’t.”

このようなイギリス・アメリカなどの英語を母語とする人たちの本格的な英語のあいづちを覚えるのが大変なら，アジアやアフリカの人たちの共通語としての英語では，主節の極性（polarity）[9] にかかわらず，“… isn’t it?” が使えることを日本人教師が教えてもよい．

---

[9] 極性とは，肯定・否定の上位概念のこと．

(22) "(It is that) she's married." — "Oh, is't it?"
(23) "You are happy, aren't you?/isn't it?"
(24) "They arrived yesterday, didn't they?/isn't it?"
(25) "You don't mind, do you?/isn't it?"

(22) では（ ）で示しているが，他の発話でも It is that が省略されていると考え，それに対するあいづち，あるいは，付加疑問節として is't it? が使われていると解釈できる．

1.4. その他のおさえておきたいあいづち

(26) So so.「マーマー」（ほどほどに）
(27) Wow!「ウアー，ワーイ」（驚き，喜び）
(28) Oops!/Whoops!「おーっと，しまった」（間違い，驚き，残念）
(29) Uh-oh「おっと，あらら，あれっ，やばい，まずい，あーあー」（失敗した時などの発声）
(30) Ow!「痛てー！」(急な，鋭い，慢性疾患によるものでない，深刻でない痛み）
(31) Ouch!「痛い！」
(32) Yummy!「おいしい！」《俗》
(33) Yukky!「まずい！」《俗》
(34) Yuck [jʌk]《口語》「おえっ，げっ」(軽蔑・嫌悪の発声，擬音語）
(35) (Oh) Gee.「チェー，へー」（驚き，落胆）
(36) Oh.「おお，ああ，あら，まあ」
(37) Oh well.「まっ，しかたないか（あきらめ）」
(38) (Oh) My (God)!「あら，まあ」
(39) O.K.「よろしい，分かった，オーケー」
(40) Yeah./Yup!《くだけた感じ》「そうそう，その通り，うん，ああ」
(41) (That's) Right.「そうそう，うん，その通り，ああ」
(42) Right you are.「そうそう，その通り」（強い同意・肯定）
(43) That's wrong.「それは間違い．」

(44)　Really?「ええ！ 本当？」

(45)　That can't be true!「うっそー！ ありえない.」

(46)　(Oh) I see (you)./(I) Got it.「なるほど，分かった」

(47)　(Do) You see?「分かった？」

(48)　You know, .../... , y'know, ...「あのう／だって／分かってもらえると思いますが／ね～」(聞き手の共感を求める，くだけた表現)

(49)　I knew it.「やっぱり.」(「私はそうなると分かっていた」の意)

(50)　Actually, ...「実は／本当は，...」(相手の予測・予想に反するとき文頭で)

(51)　In fact, .../... and/but in fact ...「もっとはっきり言えば／実は...」(自分の言ったことを強める)

どれも練習しないと身につかないが，(28) の「おーっと」や (30) (31) の「痛い」などは，日本人教員でも児童の前で簡単に演技して教えられる表現であり，児童にも演技させて学習を促したい.

2.　あいさつ

2.1.　日本語では定型表現だが英語には定型表現としては無いあいさつ

あいさつはコミュニケーションの基本だが，文化的違いも大きく，日本語で定型であっても英語では定型となっていない場合が多い.[10]

(52) a.　「行ってきます／行って参ります」I'm off.《家から出かける時も，仕事中にオフィスから出かける時にも使える.》I'm going./I'm leaving./See you later.

　　 b.　「行ってらっしゃい～.」See you./Take care./Have a good day./Have a good time.

(53) a.　「ただいま」I'm home. (直訳であって，実際には使われない)

[10] 以下，この節で述べているものやその他の様々なあいさつ表現については，インターネット上に多数の英会話学校や英語学習サイトがあり，著者も参考にしている．読者の皆さんも適宜利用していただきたい.

b. 「おかえり」Welcome back.（直訳であって，実際には使われない）

上記のような定型表現は，日本人児童が日本語で定型化しているので，英語でも定型表現があると思って先生に質問してくることが考えられる．先生は，その場面に限った表現ではないけれど，こんな言い方があるんだよと示すのがいいと思われる．(52) に（直訳であって，実際には使われない）という注意書きを入れているが，実際に使われているのは

(54) A: Hey!（ただいま～！）
B: a. Hey, how was your day?
（おかえり！ 今日，一日どうだった？）
b. Hey, how was school today?
（おかえり～！ 学校どうだった？）

などの表現であると言われている．食事の前後でのあいさつも，下記のように，翻訳すれば，翻訳できるが，

(55) 「いただきます」（翻訳として：Let's eat!）
「ごちそうさまでした」（翻訳として：Thanks for the nice meal.）[11]

あいさつとして必ず言わなければならない表現が存在しているわけではない．

2.2. 「よろしくお願いします」：日本語の定型表現で英語には無いあいさつの典型

日本語の定型表現で英語には無いあいさつの典型が「よろしくおねがいします」である．いくつかの和英辞典を見てみよう．

---

[11] meal は，朝昼晩にかかわらず食事を表す単語で可算名詞なので，ここでは単数なので冠詞を必要としているが，朝食・昼食・夕食を表す breakfast, lunch dinner, supper は，通例，無冠詞で使われる不可算名詞である．ただし，（形容詞が付いたりして）種類を表すような場合には，可算化されて I had a light breakfast/supper.「朝食／夕食は軽く済ませました」のように，冠詞を伴う．本書第 3 部第 5 章「文法の理論」8.1 可算・不可算も参照のこと．

(56)　『ニューアンカー和英辞典』(1990: 1455)

解説　「よろしく」は相手からの指導を願ったり，好意ある扱いを期待したりする慣用表現で，Please feel kindly disposed toward me. とか I hope for your continued goodwill. のように直訳できるが，これらは個人の独立を重んじる英語文化圏では原則として存在しない他人依存型の表現である．…

(57)　『カレッジジライトハウス和英辞典』(1995: 1809)

よろしく　1《適当に・よいように》日英比較　(1) 日本語の「よろしく」はその意味・用法・発想において非常に日本語的で，独特のものを持っている．従って，この語をそのまま英訳しようとすると，かえって不自然でわかりにくい英語になってしまうものが多い．この点に注意し，以下の用例中の語法の注意も参考にして，前後関係を考えて意訳するなり，または省略するなりしなくてはならない．

…

「よろしい．引き受けましょう.」「ありがとうございます.」「ではどうかよろしくお願いします.」"OK, I'll do that." "Thank you very much." 日英比較　(2) こういう場合の「どうかよろしく」は英語にぴったりの表現がないので，英訳では無視して省略するほうがよい．…

(58)　『グランドセンチュリー和英辞典』(2000: 1591)

会議の後，部屋の片付けをよろしく．(＝片付けてください)

Please put the room in order after the meeting.

(59)　『ウィズダム和英辞典　第 3 版』(2019: 1918)

よろしく　宜しく

解説　日本語で「挨拶」や「依頼」の後につけるように「よろしく（お願いします）」は英語では言わないことが多い．また，内容をくみ取って別の表現が必要な場合もある．

上記からわかるように，「よろしくお願いします」をわざわざ英語に翻訳するのではなく，依頼なら，個別具体的に依頼の内容を表現し，お礼なら，お礼の表現を使うなど，状況と文脈を考えて英語表現を使わなければならないのである．

2.3. 英語のあいさつと人名

英米人はファーストネーム（first name）に愛着がある．だから，下記のように

(60) a. Hello, John! / Hello there!「やあ．」
b. I'm glad you could come, Martha.
「マーサ，来てくれてうれしい．」
c. You're early, Bill.「早いね，ビル」
d. Thank you, folks!「ありがとうございました．」（名前の知らない人たちが買い物をして店を出るときの店員の呼びかけ）

相手のファーストネーム（やそれに対応する表現）を文末に入れるのが普通で，もしも，下降調の音調で，名前の呼びかけがなかったら，冷淡な印象を与えてしまう．[12] このように，英語では相手の名前を呼びかけることに「親愛，敬意，尊敬」を表すものとして，日本語での名前の呼びかけ以上に大きな役割が与えられるコミュニケーション・スタイル（communication style）になっており，語用として児童に，注意喚起をしておいた方がよいと思われる．そのため，小学校の教室で ALT との会話の練習させるとき．児童の名前が,「健太郎」なら “Ken”,「修一」なら “Shu”,「花子」なら “Hana” か “Hanako” というようにせいぜい 3 音節くらいにファーストネームを縮めて，英語の母語話者が覚えやすいようにネームタグを作ったり，ポッシット（post-it）に名前を書いて胸に張るなど，工夫してやることが必要となる．

ちなみに，名前の語用は文化の違いにも関わってくることだが，英語の母語話者が覚えやすいようにしないと，((国内や海外の) 英会話学校で行われているようだが,）生徒に George や Betty などの英語名を付けさせて授業

[12] 水谷 (2015) による．

をやったりすることになる．これは英語の母語話者や ALT にとって都合がいいだけである．英語の基本単語は 1 ～ 3 音節くらいなので日本語の出来ない英語の母語話者はせいぜい 3 音節くらいしか覚えられないための措置であって，英語の母語話者に日本人の名前を覚えてもらういい機会と捕らえるべきであり，日本人は古来から，みだりに，特に目上の人について，ファーストネームを呼んだりしないという文化を持っていることを学んでもらう機会でもある．[13]

言語間のコミュニケーション・スタイルの違いは意識化しないと学習されないものであるが，どのように相手を呼ぶかはどのようなコミュニケーション・スタイルをとるかという問題であり，最終的には，学習者自身の問題である．学習者の語用論的選択は尊重されるべきで，外国語学習は，違いを意識させることが必要であるが，価値観の押しつけになってはいけない．[14]

2.4.　ファーストネームと本名

日本人の英語力の低さの原因の 1 つに固有名詞に関する知識の乏しさもあると言われている．以下にニックネームとその本名を（　）内に挙げておく．

(61)　Anne (Nancy), Nick (Nicholas), Chris (Christopher/Christine), Tom (Thomas), Al/Fred/Freddy/Freddie (Alfred), Liz/Beth (Elizabeth), Cate/Kate (Catherine/Katharine/Catherine/Katherine), Becca/Becky (Rebecca), Bill (William), Polly/Molly (Mary), Maggie/Maggy/Meg/Peg/Peggy (Margaret), Andy/Drew (Andrew), Debbie (David), Rob/Bob/Bobby/Bert/Bertie (Robert), Alex (Alexander), Sandra (Alexandra), Ben/Benny/Benjy (Benjamin), Burt (Burton), Dolly (Dorothy), Pat (Patrick, Patricia), Frank (Francis), Frannie, Franny, Frankie (Frances),

[13] これは日本人の，口から発した言（こと）はやがて事（こと）になるという言霊信仰によるものとされている．

[14] 学習者の語用論的選択の問題については，FitzGerald (2003), Ikeguchi and Yashiro (2008), Ishihara and Cohen (2010), 石原・コーエン (2015), 高橋 (2017) などを参照のこと．

Mic / Mike / Mikey / Mickey / Mick (Michael), Tony / Toni (Anthony), Jim / Jimmy (James), Sam (Samuel / Samantha), Rick / Dick (Richard / Eric), Ed / Eddy / Eddie / Ted / Ned / Don / Donny (Donald), Dan (Daniel), Pete (Peter), Di (Diana), Candy (Candance / Candith), Phil (Phil(l)ip), Jeff / Geoff (Geoffrey), Jerry / Gerry (Gerald), Harry (Harold, Henry), Jo (Joan, Joann(e), Josephine), Joe / Jo (Joseph), Walt (Walter), Tracy (Teresa), Matt (Mathew), Steve (Steven / Stephen)

英米人に英米人の名前で 1 番多いのは何と尋ねると，必ず John Smith だという答えが返ってくる．では，なぜ John Smith が一番多いのだろうか．John は，もちろん聖書の福音書のなかでいちばんやさしい英語で書かれているヨハネの福音書の John に由来する．Smith は，英米人の名字が職業に由来するものが多いことに関係していて，以下のような名前は（　）のような由来がある．

(62)　Baker (パン屋), Carpenter (大工), Cooper (桶職人), Fisher (漁師), Hunt (猟師), Miller (粉屋), Turner (旋盤工), Walker (織物の布を踏んで洗う人), Smith (馬具・馬車などの鍛冶など金属加工職人・鍛冶屋 (blacksmith)

これらの職業のうち，パンを作ったり洗濯をすることは家庭でできるようになって職業として少なくなっていったものであるが，一方，近代以降も，家庭では簡単にできなくて必要とされていたのが鍛冶屋 (blacksmith) である．馬具・馬車の製作・修理で鉄などの金属を高温で加工をしていた仕事が，やがて自動車・オートバイの普及によりそれらの整備・修理や板金塗装をしたりする仕事となり，今でも地域で必要とされている職業だからである．

3. いとまごい

3.1. 会話の終わり方

Ishihara and Cohen (2010) や石原・コーエン (2015) によると，2000年以降でも会話の終わり方について明確に指導している教科書がないという指摘があるということである．そのせいか，文部科学省 (2017)『小学校外国語活動・外国語　研修ガイドブック』「授業研究編 I　授業の視点⑤ Small Talk」84–85 でも「対話の開始」「繰り返し」「一言感想」「確かめ」「さらに質問」と並んで「対話の終了」も指導例として指摘されているのに，サンプルとしての「実習編　3　Small Talk」130–134 では，会話の終わり方が例示されていない．そこで，以下に Ishihara and Cohen (2010) や石原・コーエン (2015) の会話の終結を例示しておく．

well, okay, alright, so, anyway, yes, yeah などの語は，それまでの話しに新情報 (new information) を付け加えたり新たな話題 (topic) を提供しないで，会話を結ぶ意図を示すもので，それら終結前信号 (pre-closing signal) の出現によって会話が終結へ向かうことがわかる．そして最後のやりとり (terminal exchange) が行われて会話は終わる．

(63)　会話 1（日常的な，またすぐ再会が予想される場合）

A:	All right.	終結前信号
B:	OK.	終結前信号
A:	So long.	最後のやりとり
B:	See you later.	最後のやりとり

(64)　会話 2（いつ再会するか分からない，不確定なので，丁寧な別れの場合）

A:	Oh well, I'll no doubt bump into you next week.	終結前信号
B:	Yeah. I'll see you sometime.	終結前の流れ
A:	All right?	終結前信号
B:	All right.	終結前信号

A: Bye, Henry. 最後のやりとり
B: Take care. Bye. 最後のやりとり

会話の途中の流れとして,「繰り返し」「一言感想」「確かめ」「さらに質問」などが「授業研究編 I 授業の視点⑤ Small Talk」84–85 で例示されている.この Small Talk の注意すべき点などについては,高橋 (2019) なども参考とされたい.

参考文献 (参照辞書辞典類を含む)

英辞郎 on the WEB Pro 〈https://eowp.alc.co.jp/〉

FitzGerald, Helen G. (2003) *How Different Are We?: Spoken Discourse in Intercultural Communication.* Multilingual Matters, Clevedon [村田泰美 (監訳), 大塚容子・重光由加・大谷麻美 (訳) (2010)『文化と会話スタイル ― 多文化社会・オーストラリアに見る異文化間コミュニケーション ―』ひつじ書房, 東京]

Hall, Edward T. (1976) *Beyond Culture.* New York: Doubleday. [岩田慶治・谷泰 (訳) (1979)『文化を越えて』TBS ブリタニカ, 東京]

Ikeguchi, Cecilia and Kyoko Yashiro (2008) *Beyond Boundaries: Insights into Culture and Communication*, 金星堂, 東京.

Ishihara, Noriko and Andrew D. Cohen (2010) *Teaching and Learning Pragmatics Where Language and Culture Meet*, Routledge, New York.

石原紀子・アンドリュー・D・コーエン (2015)『多文化理解の語学教育:語用論的指導への理解』研究社, 東京.

Jucker, Andreas H. (1993) "The Discourse Marker *well*: A Relevance Theoretic Account," *Journal of Pragmatics* 19, 435–452.

岸野英治 (編) (2019)『ウィズダム和英辞典 第 3 版』三省堂, 東京.

小島義郎・竹林滋・中尾啓介 (編) (1995)『カレッジライトハウス和英辞典』研究社, 東京.

小西友七 (編) (2000)『グランドセンチュリー和英辞典』三省堂, 東京.

Leech, Geoffrey・池上嘉彦 (2007)『ロングマン英和辞典』桐原書店, 東京.

水谷信子 (2015)『感じのよい英語・感じのよい日本語 ― 日英比較コミュニケーションの文法 ―』くろしお出版, 東京.

文部科学省 (2017)『小学校外国語活動・外国語 研修ガイドブック』
<http://www.mext.go.jp/a_menu/kokusai/gaikokugo/1387503.htm>

西原哲雄 (編) (2017)『心理言語学』朝倉書店, 東京.

野村恵造・花本金吾・林龍次郎 (編) (2013)『オーレックス英和辞典第 2 版』旺文社,

東京.
大石五雄（編）(1993)『ニューアンカー英作文辞典』学習研究社，東京.
高橋潔 (2002)「「よろしく（お願いします)。」とその対応英語表現～Wierzbicka 意味論からみる語意と文化～」『宮城教育大学外国語研究論集』2, 1-18.
高橋潔 (2013)「発話冒頭の談話標識 well の用法に関する一考察」『宮城教育大学外国語研究論集』7, 9-20.
高橋潔 (2017)「第 4 章　語用の理解と獲得」，西原 (2017), pp. 99-135.
高橋潔 (2019)「文部科学省『小学校外国語活動・外国語　研修ガイドブック』の Small Talk に関する研究ノート」『宮城教育大学 教員キャリア研究機構紀要』1, ページ数未定.
Weblio 英語基本例文集 <https://ejje.weblio.jp/sentence/content/>

第Ⅳ部

第二言語習得

第 7 章

第二言語習得の理論

酒井英樹
（信州大学）

1. はじめに

本章では第二言語習得の理論を概説する．このテーマに関する書籍は多く，日本語で出版されたものだけでも，理論に焦点を当てて詳細に説明したもの（例：白畑・若林・村野井 2010）から初心者に向けて分かりやすく記述したもの（例：馬場・新多 2016）や，理論と教育との関係に注目したもの（例：廣森 2015，村野井 2006，鈴木 2017）などがある．本章では特に小学校英語を考える上で重要と思われる 5 つのキー・コンセプトに焦点を当てる．

2. キー・コンセプト①第二言語習得

本章のトピックである第二言語習得（second language acquisition，以下 SLA とする）を取り上げる．SLA は，人は第一言語（first language）を習得した後にどのようにして別の言語，すなわち第二言語（second language）を学ぶのかという問いに対する回答を探究する研究領域である（Ortega 2009）．

第一言語は生まれて初めて触れ，獲得する言語である．母語とも呼ばれる．人によっては複数の第一言語を持つ場合もある．第二言語は，第一言語以外に学ぶ言語のことである．三番目以降に学ぶ言語も，第一言語以外の言語という意味で，第二言語とすることが多い．学習者が生活する国や地域で学んでいる言語が用いられている第二言語環境と，学習者が生活する国や地域で学んでいる言語が用いられていない外国語環境を区別することがある．

SLA 研究の始まりは 1960 年代に遡る（Ortega 2009，白畑・若林・村野井 2010）．例えば，偶発的に犯す間違い（mistakes）ではなく，ある時点で一貫して犯す誤り（errors）に注目することで，学習者がどのような第二言語の体系的な知識を持っているのかを究明できると主張した Corder（1967）は，SLA 研究の始まりを示す象徴的な論文であると考えられている．その後，学習者の言語体系（learner language）を，母語と学ぶ対象である目標言語（target language）との中間にある知識や能力であるという意味で，中間言語という概念が提案された（Selinker 1972）．

1970 年代に入ると，学習者が話したり書いたりする言語に注目し，どのような誤りが生じているのかという誤答分析が行われるようになった．発達過程で観察される誤りがいつなくなるのか，また学習者はどのような順序で第二言語を習得するのかということが報告されるようになった．例えば，Krashen（1981: 59）は英語の文法形態素の習得順序（acquisition order）に関する研究を踏まえて，使用の正確さに基づき，グループ 1（進行形 *-ing*，複数 *-s*，繋辞としての be 動詞）→ グループ 2（助動詞としての be 動詞，冠詞）→ グループ 3（不規則動詞の過去形）→ グループ 4（規則動詞の過去形 *-ed*，三人称単数現在形 *-s*，所有格 *-s*）という順序で習得するとしている．文法項目によっては順序が入れ替わることも報告されているため，そのような項目をまとめてグルーピングしている．

時間的経過に従って，どのような段階を経て習得するのかという発達段階（developmental sequence）も，否定文，疑問文，再帰代名詞，関係代名詞などを対象に研究が行われた．例えば，否定文だと，次のような発達段階が観察される（Dulay, Burt and Krashen 1982: 124）．第 1 段階では，否定辞（negator）を語句の前後に付けることができる（例：No milk. Wear mitten no.）．第 2 段階では，否定辞を文中で用いるようになる（例：He not bite you. I not like that.）．第 3 段階では，助動詞を用い，その後ろに否定辞を付けるようになる（例：You're not playing it. Lunch is no ready.）．

誤答分析によって，SLA のプロセスを記述する時期が始まったといえる．

Ellis (1994: 21) は,「発達段階の存在は，これまでの SLA 研究の重要な発見の 1 つである」と述べている．習得順序や発達段階に関する知見をきっかけに，第一言語の役割や指導の効果，第一言語習得と SLA の類似性・相違性について議論が活発になった．その後，SLA のメカニズムや習得順序，発達段階を説明したり，SLA の現象を予測したりする仮説が実証的に検証され，モデルや理論が構築されるようになった．

SLA の理論には，SLA の認知的メカニズムを解明しようとするもの（例：認知的アプローチ，用法基盤理論)，習得順序や発達段階を説明しようとするもの（例：処理可能性理論)，習得を促す言語的環境の条件を解明しようとするもの（例：インプット仮説，インタラクション仮説，アウトプット仮説）などがある．

3. キー・コンセプト②暗示的知識・明示的知識

2 つ目のキーワードは暗示的知識 (implicit knowledge) と明示的知識 (explicit knowledge) である．前者は言語規則を言語化できないが使えることのできる直感的な知識であり，後者は言語規則について知っていることである．Ellis (2009) によれば，暗示的知識と明示的知識は独立した知識である．規則を知っているけど使えないという状況がよくあるが，明示的知識があるにもかかわらず，暗示的知識が身についていないからであると説明することができる．

3.1. モニターモデル

暗示的知識と明示的知識は，初期の SLA 理論であるモニターモデルの中では，習得と学習というプロセスの違いにより議論された．モニターモデルは，Krashen が提案した SLA 理論である (1981, 1985)．モニターモデルは，習得・学習仮説，モニター仮説，インプット仮説，自然順序仮説，情意フィルター仮説という 5 つの仮説から構成されている (Krashen 1985)．

習得・学習仮説： 母語を学ぶように意識せずに第二言語を学ぶ習得

(acquisition) と，文法などを意識的に理解したりその運用を練習したりして学ぶ学習 (learning) という 2 つの異なるプロセスが存在する．

自然順序仮説：言語習得は脳の言語獲得機能が働くことにより生じるため，どの人にも，文法形態素や統語的な構造（否定文や疑問文など）の習得には予測可能な一定の順序や段階が見られる．

モニター仮説：学習された能力（learned competence）はコミュニケーションのための自らの言語使用をモニターする役割しか果たさない．モニターは，時間が十分あり，正確さに焦点が置かれている場合に機能する．

インプット仮説：目標言語で話されたり書かれたりするインプットのメッセージを理解することによって人は言語を習得する．

情意フィルター仮説：インプットが情意的な要因（例，動機づけ，不安，自信など）によってフィルターのように阻害されてしまい，言語獲得機能が働かない場合がある．

モニターモデルによれば，メッセージに焦点が置かれており，即座に応答しなくてはならないような状況（例，口頭でのやり取り）では，学習された能力を用いてモニターすることができないため，習得された能力がコミュニケーションを行う原動力となる．つまり，実際のコミュニケーションのためには，学習よりも習得の方が重要であるとした．また，モニターモデルによれば，習得順序や発達段階が見られるのは，第一言語習得と同様に人の言語獲得機能による習得というプロセスが働くからであると考えた．どの人にも普遍的に観察される現象であるという意味で，自然順序仮説には「自然」(natural) という用語が用いられている．

モニターモデルは，その時点までに得られた SLA 研究の知見を包括的に説明し，関連する現象を予測しようとした理論であった．包括的であったがゆえに，モニターモデルはさまざまな点から批判された（例：McLaughlin 1987)．例えば，習得・学習仮説は言語を学ぶプロセスの違いに言及したものであったが，明確な定義づけがなされておらず，ある学びが習得なのかもしくは学習なのかを特定することができないと批判された．

近年では，Krashen のように習得と学習を区別して用いる研究者は少ない．意識の度合いによって，より明示的かあるいは暗示的かという観点で，プロセスである学習や指導，プロダクトである知識を捉えるようになっている（Ellis 2009）．例えば，知識については，明示的知識と暗示的知識の特徴を対比し，その定義を明確にし，検証を可能にする試みが行われている．

3.2. 処理可能性理論

Krashen は，習得順序や発達段階が存在するのは人の言語獲得機能が働くためであると考えたが，なぜ習得順序や発達段階が観察されるのかについては考察していない．この点について，Goldschneider and DeKeyser (2001）は，顕著さや頻度が影響を及ぼしているとするメタ分析を行っている．顕著さや頻度が高ければ，学習者はその形態素をインプットの中で気づくことができ，学ぶ可能性が高まるというのである．他にも，頻度の中でもトークン頻度よりもタイプ頻度の方が習得の困難度に影響するとしている研究や，学習者の第一言語の影響を明らかにした研究などが報告されている (Mitchell, Myles and Marsden 2013)．なお，トークン頻度とは当該項目の総数のことである．Mike plays tennis.，Ken plays baseball.，Kumi likes apples. という英語を例にとると，三人称単数形が 3 度使われているので，トークン頻度は 3 である．一方，タイプ頻度は当該項目の種類の数である．上記の例では，plays は 2 度使われているので重複してカウントせず，タイプ頻度は 2 となる．

文法形態素の習得順序と異なり，頻度や顕著さだけでは否定文や疑問文などの統語構造の発達段階を説明できない．I no like it. のようなインプットを受けることがないのに，表出するのはなぜなのだろうか．処理可能性理論 (processability theory）はこの疑問に回答しようとする（Pienemann 1998, Pienemann and Keßler 2011）．

処理可能性理論は，言語に関する明示的知識が使用可能な手続き知識に変換されるためには心理的な処理手続き（processing procedures）を身につける必要があり，そのため，言語学習者は発達段階を経ると考えている．文法情報の交換という点から 5 つの処理手続きが提案されている．そして，処理手続きと知覚的顕著さの点から言語発達の6段階を仮定している．

第1段階では，レキシコン（語彙に関する知識）の中の語彙項目にアクセスすること（word/lemma access）ができる．この段階では，レキシコンに登録された語彙を使って，話したり書いたりすることができる．疑問文に関して言えば，Coffee? と単語だけで質問したり，What's this? などの定型表現を用いて尋ねたりすることができる．

第2段階では，語彙項目の中に示された文法情報を特定すること（category procedure）ができる．book や books の語彙項目に含まれる数という文法情報にアクセスすることができ，単数の時には Book. と言うことができ，複数の時には Books. と言うことが可能となる．語彙項目について，それぞれ動詞なのか，名詞なのか，形容詞なのかという品詞情報にアクセスすることができ，英語の規範的な語順（canonical order）である名詞＋動詞＋名詞（つまり，主語＋動詞＋目的語）という語順に対して，book や books を主語か目的語の位置にあてはめることができる．

第3段階では，語彙項目が持つ文法情報を一致させる処理（phrasal procedure）が可能になり，句の主要部と修飾部の間で文法情報を一致させることができる．例えば，five と books という2つの語彙項目が持つ，複数という文法情報を一致させて，Five books. という句を作ることができる．この段階では，まだ規範的語順が優勢であるが，知覚的顕著さを持つ文頭や文末の位置に要素を付け加えた構造を表出することができる．例えば，Do の前置や Wh 句の前置などの疑問文を作ることができる．

第4段階では，句に統語的機能を付与する処理（S-procedure）ができるようになる．別の言い方をすると，文における主部や述部などの統語的関係を利用できるようになる．例えば，My brothers play baseball. という英文では，my brothers という名詞句がこの文の中で主部の役割を担い，play baseball という動詞句がこの文の中で述部の役割を担っている．この主述関係を捉えられるのが S-procedure である．知覚的顕著さがある文頭や文末への処理が可能となる．例えば，Your brothers are high school students. という英文を取り上げると，your brothers という名詞句が把握でき，さらに，文の中で主部の位置を占めると処理することができる．そうすると，主部と助動詞を倒置させて，Are your brothers high school students? という疑問文を作ることができる．

第 5 段階では，知覚的顕著さがなくても処理することができるようになり，文の内部で要素の移動が可能になる（Wh- 疑問文内の倒置など）．また，句と句の間で文法情報の交換が可能になる．例えば，主部を担う名詞句（This boy）と，述部である動詞句（play baseball）の間で，単数や現在という文法情報の交換の結果，三人称単数現在形の *-s* を付与するという処理ができる（This boy plays baseball.）．

第 6 段階では，主節と従属節を区別する処理（subordinate clause procedure）が可能になり，英語においては間接疑問文では倒置をさせないという構造を表出できるようになる．

これらの処理手続きは階層的な関係になっていて，学習者は低次の処理手続きから累積的に高次の処理手続きを身につけなくてはならないとされている．例えば，語彙項目の文法範疇にアクセスできるということは，当然ながら，それより低次の，語彙項目へのアクセスができないとならない．また，語彙項目と語彙項目の文法情報を処理できるならば，語彙項目へのアクセスや語彙項目の文法情報へのアクセスができることが前提となる．このような処理手続きに階層関係があるため，文法規則を知っていたとしても，実際使用する際には，その学習者が利用可能な処理手続きに応じて習得順序や発達段階が観察されると説明する．

処理可能性理論は，英語に限るものではない．各言語の発達段階を説明すると同時に予測する．処理可能性理論は，さまざまな言語により，その妥当性の検証が進んでいる（Pienemann and Keßler 2011）．

4.　キー・コンセプト③固まりとして用いられている表現

小学校英語では，文法のしくみを理解して規則を適用し，創造的に文を表出するのではなく，基本的な表現を固まりとして覚え，使用することが期待されている．固まりとして用いられている表現は，SLA 研究でも古くから焦点が当てられてきた．本節では，固まりとして用いられる表現を取り上げる．文全体が固まりになっている場合と，ある部分が入れ子になっている場合がある．最近ではチャンク（chunks）という言い方もよく用いられる．

チャンクは固まりとして用いられ，その文構造は未分析のまま用いられる．例えば，学習者が What's this? という表現を丸ごと暗記して用いている場合を考えよう．「疑問詞＋be 動詞＋指示代名詞」という文構造を分析し，その規則を身につけているわけではないので，What's that? や Who are you? という同じような文構造を持つ疑問文を生成できるわけではない．What's this? が固まりとして，あたかも 1 つの単語のように用いられているのである．

4.1.　固まりとして用いられている表現に関する習得研究

第二言語を学び始めたばかりの頃は，学習者が黙って周りのやり取りを観察している時期（沈黙期間，silent period）や限られた数の語句や固まりとして表現を用いる慣用句期間（phrase period）が存在することが報告されている．例えば，Gibbons（1985）は，オーストラリアで英語を学ぶ子どもに関する調査を行った結果，沈黙期間の終了に必要な平均時間は 15.2 日，定型句・文の使用に限られる「慣用句期間」の終了時に必要な平均時間が 5.5 週間と報告している．この沈黙期間や慣用句期間に，多くの目標言語に触れ，次第に語と語を組み合わせて創造的に言語を使用することのできる力を育てていく．固まりとして複数の語から成る表現を覚えて使用することは SLA の初期段階では重要である．また，Littlewood（1984）は，学習者が早い時期に比較的複雑な構造を持つ文や句を用いることや，その表現に要素を加えたり，その表現が分割されて他の語句とともに用いたりすることを報告する研究を紹介している．例えば，英語を学び始めて数週間で，二語発話を行えるようになった中国人の子どもが，Don't do that., It's time to eat and drink., Get out of here. などの複雑な文構造を持つ表現を使用することが観察された．また，別の研究では，I know how to do it. のような I know how to ... . という入れ子構造の表現の使用が観察されている．さらに，言語習得が進むにつれて，この学習者は，I know how do you write this. という発話が見られ，誤りがあるものの，how to だけでなく，I know の後ろに疑問文をつなげることができるという規則を学んだことを示している．また，固まりとして使われている表現が，より短い単位に分解されて使われていることを報告した研究を紹介している．How do you do dese [these]? という文を丸ごとの形でしか用いなかった段階から別の要素を付け加えられるようになり，さらに，How do you like to be a cookie cutter? のように How do you ... ? というより短い単位が別の語とともに用いられるようになった．最後には，How did you ... ? のように時制を変えることができるようになった．このように，学習者は，固まりとして表現を用いる段階から，創造的に文を生成できる段階に移行したことが報告されている．

前節で言及した処理可能性理論（Pienemann 1998）においても，固まりとして用いられている表現に言及している．処理可能性理論では，固まりとして用いられている表現は，他の語句と同様に，word / lemma access が活用できれば使用することができ，発達の第 1 段階から観察される．習得の初期段階では，固まりで用いられている表現は，学習者自身が規則に基づいて行った発話との区別が難しい．Pienemann は，固まりとして用いられている表現の特徴としては，同じ構造を持つ別の表現の使用は見られないことと，その表現が時として不適切な場面で用いられると指摘している．例えば，遠くのものを指しながら What's this? と質問するような現象が見られるとき，What's this? は，固まりとして用いられている可能性が高い．

4.2. 固まりとして用いられている表現に関する SLA 理論

本項では用法基盤理論（usage-based theory）と二重モードシステム（the dual-mode system）を紹介する．用法基盤理論によれば，学習者は，多くの用例に触れて，そのパターンを認識し，構造を習得する（例：Tomasello 2000）．その際，カットアンドペースト方略が用いられるとしている．もとは第一言語習得理論であるが，SLA についても研究されている（Roehr-Brackin 2014, Tode and Sakai 2016）．4.1 節で紹介した固まりとして用いられる表現が分解され用いられるようになるプロセスが，用法基盤理論では言語習得の核であると考えられている．

Skehan（1998）は文法規則に基づく知識体系と用例に基づく知識体系が

あると主張した．これを二重モードシステムという．文法規則に基づく知識体系は，限られた数の規則と語彙を用いて創造的な言語使用を可能にする．しかし，その処理に時間がかかる．一方，用例に基づく知識体系は，暗記された膨大な数の用例（exemplar）から成り，そのアクセスは速い．Skehan によれば，用例に基づく知識体系は流暢さを支える言語基盤である．

さらに，Skehan は，文法規則に基づく知識体系で産出された言語（発話や書かれたもの）が，そのまま語彙化されてまとまりとして記憶され，用例に基づく知識体系に組み込まれると主張した．二重モードシステムにおける用例とは，4.1 節で検討されたチャンクよりも広い概念である．例えば，その場で考えながら英語で富士山を説明する経験をしたとする．発話の多くが規則に基づく知識体系による発話であり，流暢さに欠けた発話になるだろう．再び富士山を説明する機会があったらどうだろうか．1 度目よりも流暢に説明できるだろう．Skehan は，一度文法規則に基づいた知識体系を用いて行った発話（の一部分）が，まとまりとして記憶され，用例に基づく知識体系になり，そのアクセスが速くなると考えている．

5．キー・コンセプト④インプット

中学校や高等学校の英語教育では，授業は英語で行うことを基本とすることとされている．これは，「生徒が英語に触れる機会を充実するとともに，授業を実際のコミュニケーションの場面とするため」である（文部科学省 2017）．小学校英語教育においても，たくさんの英語に触れることが重要視されている．英語に触れる機会を充実させることがなぜ重要なのだろうか．SLA 理論では，目標言語に接触することが，SLA が生じるための必要条件だと言われている．言語接触はインプット（input）と呼ばれている．本節では SLA におけるインプットの役割に焦点を当てる．

5.1．インプットの役割

インプットの役割は，軽視されたり，過度に重視されたりしてきた．第二次世界大戦後から 1970 年代ぐらいまで隆盛した外国語教授法のオーディオ・リンガル・メソッドは，行動主義心理学の習慣形成を学習理論とした．この考え方によれば，模倣のためのインプットは学習上かなり重要である．教師が示すモデルがそのまま習慣化されるため，正しいモデルを示すことが求められた．1950 年代から広まった N. Chomsky による生成文法の考え方によれば，人は言語を獲得する機能を持って生まれており，本来的に言語を獲得するメカニズムを有しているとされた．したがって，インプットは単なる引き金として働くのであって，インプットの役割は大きくはなかった．先述した Krashen のモニターモデルは，インプット仮説を提唱し，インプットを重視したが，同時に言語を習得するための生得的な機能を想定した．前節（4.2 節）で紹介した用法基盤理論では，言語を習得するための固有の機能は想定せずに，言語環境とのやり取りの中で言語能力が出現（emerge）するという創発主義的アプローチ（Emergentism）が提案されている．すなわちインプットがとても重要であると考えられている．

5.2. 肯定証拠と否定証拠

SLA のために活用されるインプットには，肯定証拠（positive evidence）と否定証拠（negative evidence）がある．肯定証拠は目標言語の言語規則や運用方法を示す言語インプットである．多くの場合，学習者に語りかけられる言語そのものが，肯定証拠である．例えば，Do you want to drink coffee? と質問された場合，学習者は，do を前置して疑問文が作られることや，want と drink の間に to が挿入されていることなどの情報を得ることができる．

否定証拠は目標言語において文法的でないことを示す言語インプットである．特に，SLA の場合，第一言語の影響もあり，否定証拠が必要な場合もある．例えば，日本語では被害の受け身（例：「ケンは財布を盗まれた」）が文法的であるのに対して，この構造は英語では非文法的である（例：*Ken was stolen his wallet.）．日本語話者の英語学習者は，英語を話す際，被害の受け身を許容したり表出したりしてしまう．英語では被害の受け身は非文法的であるという情報を得ることが重要になる．例えば，フィードバックや文法説明などのインプットを通して，学習者は否定証拠を受け取り，被害の受け身が文法的でないことを学ぶ必要がある．

6. キー・コンセプト⑤気づき

小学校英語では，言語や文化について体験的に理解し，言語面に関する気づきを通して，その理解を図ることとされている．SLA の理論においても，気づき（noticing）は重視されている．前節でみたようにインプットを受け取ることは SLA にとって必須条件であるが，それだけでは不十分であり，気づきが生じることが必要であると考えられている．気づきは，SLA 理論や外国語教授法ではフォーカス・オン・フォーム（focus on form）（Long and Robinson 1998）と呼ばれている．

6.1. SLA のための認知的条件

インプットをたくさん受け取るだけで SLA が生じるわけではない．認知的処理が行われることが必須である．Krashen（1985）は，インプット仮説の中で，学習者が第二言語を習得するためには，インプットの意味内容を理解することが必須条件であるとした（本章 3.1 節）．メッセージを理解する過程の中で，何らかの言語習得のメカニズムが働き，言語習得が進むと主張したのである．インプットの特徴として，学習者の現段階の言語能力より少し上のレベルの言語を含む一方で，既有の背景知識や状況，既有の言語能力の類推によって何とかその意味内容を理解できることが重要であるとしている．このようなインプットを理解可能なインプット（comprehensible input）と呼んだ．

Schmidt（1990）は，インプットの意味内容の理解だけでは十分ではなく，習得しようとする言語形式の気づきが重要であると考えた．認知心理学の知見に基づき，学習者が受け取ったインプットのうち，学習者が意識的に気づいた内容が言語習得に使われる可能性のあるインテイク（intake，取り入れ）となると主張した（139）．音，形態素，語，統語，言語使用など様々な面で，気づきが生じることが学習の必要条件であるとした（149）．これが気づき仮説（noticing hypothesis）である．

気づきが生じたからと言って，即座に習得が起こるわけではないことに留意する必要がある．Schmidt（1990）は，学習者の注意が配分された準備的なインテイク（preliminary intake）と，言語習得に活用された最終的なインテイク（final intake）を区分しており，気づきは前者の条件であるとしている．また，Schmidt（1990: 143）は，気づきに影響を及ぼす要因として，頻度，顕著さ，学習者の技能レベル，タスクの条件などを挙げている．学習者の技能レベルに関しては，学習者の言語習得の状態によって，気づく内容が異なるかもしれないことに留意する必要がある．例えば，同じ英語を聞いていても，語彙に気づく学習者もいれば，語順に気づく学習者もいる．ある学習者は，文法形態素に気づくかもしれないし，語用論的な側面に気付くかもしれない．学習者の気づきには個人差がある．

6.2. 気づきの種類

気づきにはいくつかの種類がある．Swain（1998: 66）によれば，項目の気づき（noticing a form），穴の気づき（noticing a hole），ギャップの気づき（noticing the gap）という 3 種類の気づきがあるとしている．

項目の気づきは，目標言語を聞いたり読んだりして，言語項目などに気づくことである．頻度や顕著さが高ければ，項目などの気づきの可能性が高まる．

穴の気づきは，学習者が自分の言いたいことが言えないこと（自分の知識や能力の穴）に気づくことである．穴に気づくためには，話したり書いたりする行為が必要である．

ギャップの気づきは，自分の言語に誤りがあると気づくことである．やり取りの中で修正フィードバックを受けたり，母語話者やより熟達度が高い言語使用者が用いる言語と学習者自身の言語とを比較したりして，誤りに気づくことができる．

6.3. 認知的なモデル

気づき仮説は，その後，SLA に関するアウトプット仮説（Swain 1998）やインタラクション仮説（Long 1996）の中でも位置付けられた．例えば，Swain は，アウトプットをすることの役割として，言えないことに気づき，その後，インプットに注目することによって，習得が促進されるという「気づき」機能を指摘している．また，アウトプットをすることによって，相手に伝えたい内容が通じたり，通じなかったりというフィードバックを受け取る可能性が高くなる．通じなかった場合には，修正フィードバックを受け取り，誤りに気づき，学習者は自分の第二言語構造を再構築する可能性が高くなる．これは，アウトプットの「仮説・検証」機能である．「気づき」機能や「仮説・検証」機能の中で，気づきが位置付けられている．さらに，アウトプット仮説の中では，気づきよりも深い意識が関わるランゲージング（languaging），すなわち，言語をメタ的に語ることが SLA に効果があるとしている．

Long（1996）のインタラクション仮説では，やり取りの中で生じる意味交渉（コミュニケーション上の問題を解決するために，理解したことを確認したり，明確にするよう要求したりしてやり取りをすること）の中で，通常ならば顕著さに欠ける言語項目に気づく可能性が高まり，習得につながると考えている．例えば，I have two brother. と学習者が発話したとき，I have one brother. と言いたかったのか，I have two brothers. と言いたかったのか不明である．その際，How many brothers do you have? Do you have one brother or two brothers? と明確化要求（clarification request）を行う中で，単数形と複数形に焦点が当たり，学習者が気づきやすくなると考えている．Long は，肯定証拠のみで習得することが難しい言語規則（5.2 節参照）については，インタラクションの中の意味交渉が気づきを高め，習得につながる可能性を高めることができるとしている．

インプット仮説，アウトプット仮説，インタラクション仮説は，認知的アプローチの SLA 理論として位置付けられている．インプットを受け取り，インテイクがあり，認知的な処理が行われて，SLA が起こると考えられている．この認知的処理について，Gass（2018）のモデルを紹介する（詳細は第 8 章 3 節 3.1 項を参照）．Gass は，インプットからアウトプットへつながる認知的プロセスについて，知覚されたインプット（apperceived input），理解されたインプット（comprehended input），インテイク（intake），統合（integration），アウトプット（output）という 5 段階を提案している．知覚されたインプットは，言語項目に気づき，学習者の現在の持っている知識や能力と関係づけられることである．Schmidt の気づき仮説や，Swain の穴の気づきが関係する．理解されたインプットは，意味内容の理解であり，

Krashen のインプット仮説と関係する．その後のインテイクは，Schmidt の最終的なインテイクと関連し，その後の認知処理に用いられるデータとなる．統合は，言語習得そのものである．その結果，アウトプットをするための知識や能力を習得することになる．

小学校英語において，インプットからアウトプットの流れを大切にすることが求められるが，Gass のモデルによれば，インプットを受け取ったからといってすぐにアウトプットできるわけでない．統合というプロセスが介在し，時間がかかることに留意したい．

7. おわりに

本章では，SLA，暗示的知識・明示的知識，固まりとして用いられる表現，インプット，気づきという 5 つのキー・コンセプトを核にして，SLA の理論を概説してきた．本章で扱えなかった理論については，本章の冒頭で言及した文献を参考にして欲しい．

参考文献

馬場今日子・新多了 (2016)『はじめての第二言語習得論講義：英語学習への複眼的アプローチ』大修館書店，東京．

Corder, S. Pit (1967) "The Significance of Learner's Errors," *International Review of Applied Linguistics in Language Teaching* 5(4), 161–170.

Dulay, Heidi, Marina Burt and Stephen Krashen (1982) *Language Two,* Oxford University Press, New York.

Ellis, Rod (1994) *The Study of Second Language Acquisition,* Oxford University Press, Oxford.

Ellis, Rod (2009) "Implicit and Explicit Learning, Knowledge and Instruction," *Implicit and Explicit Knowledge in Second Language Learning, Testing and Teaching,* ed. by Rod Ellis, Shawn Loewen, Catherine Elder, Rosemary Erlam, Jenefer Philp and Hayo Reinders, 1–25, Multilingual Matters, New York.

Gass, Susan M. (2018) *Input, Interaction, and the Second Language Learner,* Routledge, New York. [originally published in 1997]

Gibbons, John (1985) "The Silent Period: An Examination," *Language Learning*

35, 255–267.

Goldschneider, J. M. and R. M. DeKeyser (2001) "Explaining the 'Natural Order of L2 Morpheme Acquisition' in English: A Meta-Analysis of Multiple Determinants," *Language Learning* 51, 1–50.

廣森友人 (2015)『英語学習のメカニズム ― 第二言語習得研究にもとづく具体的な勉強法』大修館書店，東京.

Krashen, Stephen (1981) *Second Language Acquisition and Second Language Learning,* Pergamon, Oxford.

Krashen, Stephen (1985) *The Input Hypothesis: Issues and Implications,* Longman, London.

Littlewood, William (1984) *Foreign and Second Language Learning,* Cambridge University Press, Cambridge.

Long, Michael H. (1996) "The Role of the Linguistic Environment in Second Language Acquisition," *Handbook of Second Language Acquisition,* ed. by W. C. Ritchie and T. K. Bhatia, 413–468, Academic Press, San Diego.

Long, Michael H. and Peter Robinson (1998) "Focus on Form: Theory, Research, and Practice," *Focus on Form in Classroom Second Language Acquisition,* ed. by Catherine Doughty and Jessica Williams, 64–81, Cambridge University Press, Cambridge.

McLaughlin, Barry (1987) *Theories of Second-Language Learning,* Edward Arnold, London.

Mitchell, Rosamond, Florence Myles and Emma Marsden (2013) *Second Language Learning Theories*, 3rd ed., Routledge, New York.

文部科学省 (2017)『中学校学習指導要領』<http://www.mext.go.jp/component/a_menu/education/micro_detail/__icsFiles/afieldfile/2018/09/05/1384661_4_3_2.pdf>

村野井仁 (2006)『第二言語習得研究から見た効果的な英語学習法・指導法』大修館書店，東京.

Ortega, Lourdes (2009) *Understanding Second Language Acquisition,* Hodder Education, London.

Pienemann, Manfred (1998) *Language Processing and Second Language Development: Processability Theory,* Amsterdam: John Benjamins.

Pienemann, Manfred and Jörg-U Keßler, ed. (2011) *Studying Processability Theory,* John Benjamins, Amsterdam.

Roehr-Brackin, Karen (2014) "Long-Term development in an Instructed Adult L2 Learner: Usage-Based and Complexity Theory Applied," *Usage-Based Perspectives on Second Language Learning*, ed. by Teresa Cadierno and Søren W. Eskildsen, 181–206, de Gruyter Mouton, Berlin.

Schmidt, Richard W. (1990) "The Role of Consciousness in Second Language Learning," *Applied Linguistics* 11, 129–158.

Skehan, Peter (1998) *A Cognitive Approach to Language Learning,* Oxford University Press, Oxford.

Selinker, Larry (1972) "Interlanguage," *International Review of Applied Linguistics in Language Teaching* 10, 209–231.

鈴木渉（編著）(2017)『実践例で学ぶ第二言語習得研究に基づく英語指導』大修館書店，東京.

白畑知彦・若林茂則・村野井仁 (2010)『詳説第二言語習得研究 ― 理論から研究法まで』研究社，東京.

Swain, Merrill (1998) "Focus on Form Through Conscious Reflection," *Focus on Form in Classroom Second Language Acquisition,* ed. by Catherine Doughty and Jessica Williams, 64–81, Cambridge University Press, Cambridge.

Tode, Tomoko and Hideki Sakai (2016) "Exemplar-Based Instructed Second Language Development and Classroom Experience," *International Journal of Applied Linguistics* 167, 210–234.

Tomasello, Michael (2000) "First Steps Toward a Usage-Based Theory of Language Acquisition," *Cognitive Linguistics* 11, 61–82.

第 8 章

第二言語習得の実践

内野駿介・鈴木渉
（北海道教育大学・宮城教育大学）

1. はじめに

この度の学習指導要領改訂によって小学校英語教育を取り巻く環境は大きな転換を迎え，小学校段階でも児童に英語運用能力を定着させるための指導がいっそう求められるようになった．小学校英語の目的は異文化理解，動機付け，コミュニケーション意欲の向上，英語の音声への慣れ親しみなど多岐にわたるが，本章では主に英語コミュニケーション能力の基礎となる言語知識の獲得と運用に着目し，その指導の在り方について述べる．

これまでの小学校英語教育では提示・練習・産出の流れに沿った PPP (Presentation-Practice-Production) 型の授業実践が主流であったが，近年では教師と児童のコミュニケーションを通して英語を身につけさせようとするコミュニケーション中心の授業実践も増えてきている．本節ではまず PPP 型の指導について概説した後，コミュニケーション中心の指導の背景にある理論について述べ，その後コミュニケーション中心の授業を行う際のポイントについて，指導者に求められる指導技術と実践例を紹介する．

2. PPP 型の指導

PPP (Presentation-Practice-Production) は日本の小学校英語に限らず世界中の第二言語教室で用いられている指導法で，文法中心のアプローチとして捉えられている．その名前が示すとおり PPP には Presentation（提示），Practice（練習），Production（産出）の 3 つの指導段階がある．まず Presentation の段階では，新出表現を含むダイアローグを聞かせたり映像を視聴させたりして新出表現を導入する．ALT などとのティーム・ティーチングの場合，教師による会話のデモンストレーションを通して新出表現を提示することがよく行われる．続いて Practice の段階では，運用練習を行う．小学校英語の場合はゲームやチャンツを用いた口頭での練習が主である．Production の段階では，学んだルールを使って実際にコミュニケーションを行う．授業の後半や単元終末に設定されるコミュニケーション活動がこれにあたる．これまでに出版されている小学校英語の指導法に関する書籍でも，PPP 型の授業展開について解説しているものは多い（樋口他 2013 など）．

後述するように，小学校英語用教材の多くは PPP 型の指導を想定して作成されている．例えば新学習指導要領対応教材『Let's Try!』『We Can!』に設定されている活動のほとんどは 3 つの P のいずれかに分類することが可能である（表 1）．

Presentation	Practice	Production
Let's Listen	Jingle	Activity
Let's Watch and Think	Let's Sing	Let's Talk
	Let's Chant	Let's Read and Write

表 1 PPP に基づく『Let's Try!』『We Can!』の活動の分類

Presentation の段階に位置づけられる活動には Let's Listen と Let's Watch and Think がある．前者は音声のみ，後者は映像が準備されており，いずれもモノローグやダイアローグを聞き，その内容を聞き取ってメモをしたり正しい選択肢を選ぶ活動である．課題を設定して繰り返し題材を見聞きする中で，目標表現の意味内容を理解させることが活動の目的である．Practice の段階には Jingle，Let's Sing，Let's Chant の 3 種類の活動がある．Jingle と Let's Sing は主に語彙の学習活動，Let's Chant は表現の学習活動として位置づけられており，リズムに乗って繰り返し口頭練習を行う．

Production の活動は Activity，Let's Talk，Let's Read and Write の 3 種類である．Activity と Let's Talk は，主にその単元で学んだ語彙や表現を用いて児童同士で尋ね合ったり発表する活動であり，意味内容のやり取りを伴う実際のコミュニケーションが行われることから「言語活動」と呼ばれることもある．例えば『We Can! 1』Unit 5 は「できること」の表現を扱う単元であるが，できること・できないことを友だちに尋ねる活動や，先生や自分ができること・できないことを紹介する活動が Activity として設定されている．Let's Read and Write は『We Can! 2』にのみ設定されている．単元のまとめとして位置づけられており，その単元で扱った表現を口頭で表現した上で書き写す活動である．また『We Can!』にはこれらの活動の他に Let's Play と Let's Read and Watch が設定されている．

上記のような小学校での PPP 型の指導は，日本の中学校で行われてきたような従来の PPP との間にいくつかの相違点がある．第 1 に，明示的な文法規則の説明は小学校では原則として行われない．文法シラバスに基づく中学校の教科書では各課に目標文法項目が設定されているため，中学校ではほとんどの場合 Presentation の段階で明示的な文法規則の説明が行われる．一方，2012 年に文部科学省が配布を開始した外国語活動用教材『Hi, friends!』や前述の『Let's Try!』『We Can!』をはじめとする小学校英語用教材の多くはトピックシラバスに基づいて構成されており，各課で扱うトピック（題材）にあわせて中心的に用いる目標表現は設定されているが，明示的な文法規則の説明が行われることはほとんどない．例えば，『We Can! 1』の Unit 4 では「一日の生活」という題材を扱う．この Unit では *What time do you … ?* という目標表現が設定されており，児童はこの表現の意味を理解し，練習し，表現できるようになることを求められるが，*What time* で始まる疑問文の構造（疑問詞＋助動詞＋主語＋動詞）を理解することまでは児童に求めない．

また従来の PPP では，Practice の段階では教師の模倣やパタン・プラクティスなどの機械的な反復練習がよく用いられ，形式的な操作に終始することが多かった．一方小学校での PPP 型指導では，チャンツや歌を用いて児童が楽しく参加できる活動が Practice として設定されることが多い．また

Presentation の段階で児童が興味を持ちやすい題材を用いて導入したり，Practice の段階で児童自身のことについて言う活動を行うなど，PPP の流れでありながらもコミュニケーションを意識した内容で行われるのが小学校における PPP 型の授業の特徴である．

これまでの小学校英語教育で PPP 型の指導が主流であり，多くの教材でこの流れが採用されている理由の 1 つは，提示，練習，産出の授業展開が他教科と類似していることであろう．例えば算数の授業であれば，身近な数学的問題を解決するために規則や法則を学び（導入），計算問題を解き（練習），実生活上の場面が設定された文章題を解く（発展）．このように PPP の指導順序は多くの小学校教員にとってなじみがあり，他教科と同様に教えやすいことから広く受け入れられているものと思われる．一方，PPP のプロセスは必ずしも言語習得のプロセスと一致していないため実際のコミュニケーションで使える言語知識の獲得には結びつかないという批判もある．

3.　コミュニケーション中心の指導

一方で実際のコミュニケーションを通して英語運用能力を獲得させようとするのがコミュニケーション中心の指導である．コミュニケーション中心の指導では，言語習得のプロセスに沿って授業が展開される．

3.1.　Gass による第二言語習得の認知モデル

コミュニケーション中心の指導は認知的アプローチによる第二言語習得（Second Language Acquisition: SLA）理論に基づく（第 7 章 6.3 節参照）．SLA のプロセスを説明した認知モデルのうち，代表的なものの 1 つが Gass のモデルである．Gass（2018）は，学習者が理解可能なインプットを受け取ってから言語知識に基づくアウトプットをできるようになる道筋として，知覚されたインプット（apperceived input），理解されたインプット（comprehended input），インテイク（intake），統合（integration），アウトプット（output）の 5 つの段階があると述べている．

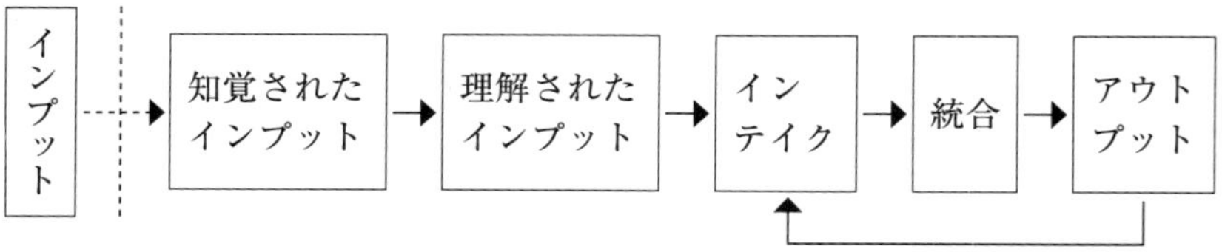

図 1　第二言語習得の認知プロセス（Gass 2018: 3 を簡略化して作成）

インプットが与えられたとき，学習者はそのすべてを瞬時に言語知識として身につけることができるわけではない．そもそも，インプットに含まれる言語形式に学習者が気づくことができなければ理解やその後のプロセスは起こらないため，言語習得は始まらない．言い換えれば学習者が気づくことのできた言語データだけが学習者の言語知識の形成において有効に作用する．したがって，第二言語習得の第 1 段階はインプット中の新しい言語形式を学習者が知覚する（apperceive）ことである．このようになんらかの形で学習者が言語形式に目を向けたインプットのことを知覚されたインプット (apperceived input）と呼ぶ．

知覚されたインプットは，次に理解（comprehension）の段階へと進む．理解にはインプットの意味がわかる程度のいわゆる浅い理解から，言語形式の詳細な構造が分析できるような深い理解までさまざまなレベルがある．インプットをどの程度の深さで理解できるかは，学習者のそれまでの言語経験やインプットの難易度などによって異なる．理解されたインプット（comprehended input）は次のインテイクの段階へと進むが，インプットがインテイクに変化するかどうかには理解の深さが関係するとされている．理解された情報は，まず短期記憶（短期間しか保持されない記憶）として保持される．

インテイク（intake）は，理解したインプットを既に持っている言語知識と照らし合わせ，新たな知識として内在化する段階である．この段階では言語規則についての仮説形成や，規則の一般化が行われる．形成された仮説は，さらなるインプットや後述するアウトプットの過程を通して検証や修正，棄却が行われ，正しい言語規則の知識として徐々に内在化されていく．この内在化の過程のことをインテイクと呼ぶほか，内在化された知識自体のことをインテイクと呼ぶこともある．

統合（integration）の段階では，（知識としての）インテイクが既存の言語知識体系に取り込まれ，長期記憶（長期間保持が可能となる記憶）として保持されるようになる．またこの段階では，言語運用の自動化（automatization）も行われる．すなわち，言語知識に繰り返しアクセスすることによってその知識をよりすばやく使用することができるようになり，言語使用の流暢性（fluency）が向上する．これらのプロセスは，言語知識を用いて繰り返しアウトプットしたり，さらなるインプットを得ることで進められる．

最後の段階がアウトプットである．厳密にはアウトプットは言語習得のプロセスではなく言語使用（プロダクト）であるが，前述のようにインテイクの段階において重要な役割，すなわち仮説検証の役割を担っている．学習者が仮説に基づいてアウトプットを行ったとき，それに対して何らかのフィードバックを得ることができる．例えば仮説に基づいた発話で相手に自分の意図が正しく伝わらなかったり誤解が生じてしまった場合，フィードバックを受けることでその仮説は間違っていることに気づき（否定証拠），仮説の修正や棄却が求められる．一方で自分の意図が正しく伝わった場合，仮説は正しかったことが分かり（肯定証拠），規則の内在化が進む．このように，アウトプットとそれに対するフィードバックを通して言語仮説の検証が行われ，正しい言語規則の内在化や統合へとつながる．

以上のように，認知的アプローチの SLA 理論では気づき，理解，インテイク，統合の 4 つのプロセスを経て言語知識が獲得されると考えられており，それぞれの段階にインプットやアウトプットが影響を与えている．したがって，このプロセスを促進するようなインプットやアウトプットの機会を十分に確保することがコミュニケーション中心の指導の鍵となる．

3.2.　コミュニケーション中心の指導のポイント

前項までの内容を踏まえ，コミュニケーション中心の指導を行う際のポイントについて，インプットの与え方，アウトプットの促し方，文字の扱い方の 3 つの点から述べる．

3.2.1. インプットの与え方

インプットの与え方はコミュニケーション中心の指導において非常に重要である．上述したように，インプットは SLA のプロセスにおいて様々な役割を果たしており，そもそもインプットがなければ SLA は起こらない．しかし当然ながら，ただ英語を聞かせているだけで有効なインプットになるわけではない．

第 1 に，インプットの内容を児童が理解可能であることが不可欠である．かつて「英語のシャワー」などと言って児童が到底理解できない表現や速さの英語を聞かせる場面がしばしば見られたが，児童が聞いている英語の意味内容を理解できない限り言語習得は進まない．一方で，既知の表現ばかりを聞かせても（内在化や自動化は進むかもしれないが）新たな気づきは生まれない．Krashen のインプット仮説（第 7 章 3.1 節，5.1 節参照）では "$i+1$"，すなわち「現在の言語知識（i）よりも少し難しいインプット（$i+1$）」を与えることで言語習得が進むとされている．言い換えれば，まだ知らない表現が含まれているが意味内容を理解できるインプットを与えることで，児童は表現とその意味を結びつけて理解できるようになる．インプットを理解可能にするために，視聴覚教材やジェスチャーなどの言語外情報を活用したり，別の表現で言い換えたり例を与えるなどの工夫が考えられる．例えば，好きなものの言い方を導入する際には "I like blue. I like swimming. I like curry and rice" のように教師自身の好きなことについて聞かせることが多いが（『Let's Try! 1』の Unit 4 を参照），like の意味に気づかせるためには "Rabbits like carrots. Dogs like bones. Mice like cheese." のように児童が事実として知っている内容について英語で聞かせることも有効である．例えば，動物と食べ物を 5 つ程度ずつ選んで黒板に表を作り，それぞれの動物の食べ物の好き嫌いを確認していく活動などが考えられる．

第 2 に，意味内容のあるインプットを与えることが重要である．表現の意味を明示的に教えるのではなく，コミュニケーションを通して意味に気づかせるのがコミュニケーション中心の指導であるから，インプットを与える際にも教師と児童の間でコミュニケーションが成り立つ（伝達する意味内容がある）活動を設定することが不可欠である．例えば *What's this?* の活動では，果物のシルエットやスポーツを表す漢字など，児童が知っているが一見してなんだかわからないものを教師が示しながら “What's this?” と尋ねることによって，児童は *What's this?* が「これなあに？」という意味を表す表現だと理解することができる（『Let's Try! 1』の Unit 9 を参照）．一方で，例えば教師が鉛筆を見せながら “What's this?” と尋ねるのでは意味がない．鉛筆が児童に見えている状態では「これなあに？」と尋ねる必要がないからである．このようにコミュニケーションを取る必要があり，自然なやり取りができる場面や活動を設定する必要がある．活動が適切かどうかを考える基準として，その活動を日本語で行うことを想定してみるとよい．日本語で行って違和感がある活動はコミュニケーションとして不自然な場合が多く，再考したほうが良いだろう．

第 3 に，児童にアウトプットさせたい表現を十分にインプットすることが重要である．教師と児童のやり取りでは教師は質問（疑問文）を発する場面が多く，児童に言わせたい表現（平叙文）を聞かせる機会が不十分であることが多い．例えば好きな物について扱うとき，活動中に教師が発するのは *What color/sport/subject do you like?* のような疑問文がどうしても多くなる（例えば，『Let's Try! 1』の Unit 4 や Unit 5）．そうすると，児童にアウトプットさせたい *I like* (...). という表現はインプットとして十分に与えていないことになる．このような状態では，児童の答えは “Blue.” “Baseball.” “Social studies.” のような内容語のみで，「好きなことは *I like* (...). と言うのだ」という知識の獲得に結びつきづらい．教師は本時や単元の目標表現が何であるかを常に意識し，活動の中でその表現を繰り返し聞かせることが重要である．先の例であれば，“I like blue. What color do you like?” “Oh, you like baseball. I like baseball too.” のように言えば，自然なコミュニケーションの流れを崩さずに *I like* (...). のインプットを与えることができる．

第 4 に，児童が目標表現に気づき，その意味を理解しやすいようにインプットを構成することが望ましい．第 7 章や 3.1 節で述べたように，SLA は児童がインプット中の表現を知覚することから始まる．例えば目標表現に触れる機会が多いほど気づきや理解は促進されるため，リスニング教材や教師の発話の中に目標表現を多量に盛り込むことが有効である．したがって，インプットの活動では児童に気づかせたい表現を教師が意識的に繰り返して用いることが重要である．先ほど述べた *What's this?* の例であれば，題材（シルエットなど）を示す際に 1 度だけしか "What's this?" と尋ねないのではもったいない．児童が答えを考えている間にもできるだけ繰り返して尋ねることで，それだけインプットの機会を増やすことができる．また黒板に絵を書いて何か当てさせる活動であれば，一度に書き上げてしまうのではなく一筆書くごとに "What's this?" と尋ねるようにすれば，インプット量を増やすことができる上に少しずつヒントを与えながら活動を進めることができる．特に *What's this?* や *Who is this?* などの表現が目標の単元では，児童が活動にのめりこむほどにただのクイズ大会になってしまい，英語の使用が二の次になりがちである．その活動で児童にどんな表現を身に付けさせたいのかを教師が意識し，その表現のインプットをできるだけ多く与えることが重要である．

3.2.2.　アウトプットの促し方

PPP 型のモデルで指導を行う場合アウトプットは既に身につけた知識を用いて話すこと（発表）の活動を行う場として位置づけられることがほとんどであるが，コミュニケーション中心の指導ではアウトプットは言語知識のインテイク，統合に寄与する SLA のプロセスの一部として捉えるべきである（3.1 節参照）．SLA のプロセスの一部としてアウトプット活動を位置づける際の留意点を以下に述べる．

第 1 に，アウトプットを急がせてはならない．児童が有効なインプットを得て気づき，理解のプロセスが進み，仮説形成が行われてからでないと言語知識に基づいたアウトプットは期待できない．したがって，児童にアウトプットさせる前に十分にインプットを与えておくことが不可欠である．インプットを与える際の留意点は前項の通りであるが，アウトプットへの繋がりの点からは 3 つ目に述べた「児童に話させたい表現を十分聞かせているか」が特に重要である．

児童にアウトプットさせる前にどの程度のインプットが必要かは一概に決

められるものではなく，言語項目や児童の学年などによって異なる．したがって，教師が児童の様子を見取り，適切なタイミングで児童にアウトプットを促すことが求められる．また同じクラスで同じ授業を受けていても，児童によってアウトプットできるようになるまでに必要なインプット量は異なるため，特に単元初期にはインプット活動とアウトプット活動を切り分けるのではなく，インプットから徐々にアウトプットに向かっていく活動が設定できるとよい．例えば，前項で例に挙げた活動は教師が “I like blue. What color do you like?” のように尋ねることで *I like* (...). のインプットとして機能するが，児童がアウトプットする機会にもなる．つまり活動のはじめは “Pink.” “Blue.” “きいろ.” のように単語（内容語）や日本語での返答がほとんどだろうが，“Oh, you like pink. I like blue.” “Oh, you like yellow. I like yellow, too.” のように文の形でのインプットを積み重ねていくことで，徐々に児童が “I like pink.” “I like blue.” “I like yellow.” のように文単位で言えるようになっていくだろう．このような児童の発話も，他の児童にとってはさらなるインプットの機会となる．アウトプット活動と言うとペアで尋ね合う活動や児童に発表させる活動を行いがちであるが，教師とのやり取りの中でアウトプットする活動を設定することで児童間の熟達度の違いに対応できるほか，後述するフィードバックを与える機会として活用することができる．

第 2 に，インプットと同様にアウトプットの活動においても児童の発話が意味内容を伝えるものとなるように留意する必要がある．アウトプットの場合，使用する言語表現と児童が伝えたい意味内容がちぐはぐになってしまうことがしばしばある．例えば月の名前の単元で行われた次のような活動はどうだろうか (『We Can! 1』の Unit 2 を参照).

> 児童は 3×3 のビンゴカードに好きな月名を書き，教師に “When is your birthday?” と尋ねる．教師は 12 ヵ月から 1 つ選び，“My birthday is in (...).” と答える．児童は教師が言った月名を聞き取って，自分のカードにあれば◯をつける．早くビンゴになった人が勝ち．

児童は “When is your birthday?” と尋ねているが，本当に先生の誕生日を知りたいわけではない．本当の気持ちとしては「先生，次は何月って言うのかなあ.」「はやく February って言って.」といったところだろう．このように児童の発話と心の動きがちぐはぐになるような活動は避け，意味内容のあるやり取り，すなわちコミュニケーションとして成り立つような活動を設定すべきである．

第 3 に，児童のアウトプットに対して教師がフィードバックを与えることが重要である．アウトプットは仮説検証の機会であり，児童が正しく発話できたのか，或いはそうでないのかを示すことでインテイクが進められる（3.1 節参照）．フィードバックのうち，学習者の発話に誤りが含まれていることを伝えるものを訂正フィードバック（corrective feedback）という．訂正フィードバックには教師がさらなるインプットを与えるもの，学習者にアウトプットを促すもの，誤りを明示的に示すもの，示さないもの（暗示的フィードバック）など様々な種類がある（詳細は神谷 2017 を参照）．

小学校英語に適した訂正的フィードバックの 1 つにリキャスト（recast, corrective recast）がある．リキャストは，学習者の発話を教師が正しい英語で言い直す方法で，学習者の誤りを指摘せずに正しい表現を伝えることができるフィードバックである（神谷，2017）．訂正が必要な児童の発話には，“*I like sports is baseball.” のような誤った規則に基づいた発話よりも，“Baseball.” “Soccer.” のような内容語のみの発話である場合が多い．すでに例として挙げているように，そこで児童の発話に対して “Oh, you like baseball.” のように文の形で言いなおして聞かせることでインプットを与えるのがリキャストによるフィードバックである (1)．あくまでコミュニケーション上のやり取りとして，「野球が好きなんだね」「サッカーが好きなんだね」と確認する意味合いでリキャストするのがポイントである．(1) のように児童が単語で答えた場合だけでなく，誤った規則に基づいた発話 (2) や文の一部が欠けた不十分な発話 (3) に対しても，正しい文のインプットを与えることで児童のインテイクが促進される．また (4) のように児童が正しい文での発話をした際にも同様に教師が繰り返して聞かせることで，肯定証拠が与えられて同様にインテイクが促進される．

(1)　教師：　What sport do you like?
　　 児童：　Baseball.
　　 教師：　OK, you like baseball.

(2)　教師：　What sport do you like?
　　 児童：*I like sport is baseball.
　　 教師：　Oh, you like baseball.
　　　　　　 I like baseball, too.

(3)　教師：　What sport do you like?
　　 児童：*I …… baseball.
　　 教師：　Oh, you like baseball.

(4)　教師：　What sport do you like?
　　 児童：　I like baseball.
　　 教師：　Oh, you like baseball.

また，児童の発話が内容語のみになってしまうのはインプット量の不足だけが理由ではなく，例えばその活動で「好きなスポーツについて話している」ことが明らかな場合に I like の部分を省いてしまうといったような，談話的な理由もある．談話的な理由で児童の発話が単語のみになっている場合，文での発話を促せば正しいアウトプットが得られる場合が多い．自然な形で文での発話を促す方法の 1 つは，教師が文での発話のモデルを示して児童に真似させることである．例えば "What sport do you like?" という質問に対して児童が "Baseball." "Soccer." のように単語のみで答えている場合，「What sport do you like? I like basketball. じゃあみんなだったらどう言いますか.」のように教師の発話を真似させることで，文での発話を促すことができる．

第 4 に，クラス全体での活動を十分行ってからペア活動やグループ活動に進むべきである．これまでに述べてきたように，児童に正しい英語を身につけさせるためには，クラス全体で教師と児童がやり取りする活動を通してインプットを与えたり児童の発話にフィードバックを与えることが重要である．一方で，ペアやグループで尋ね合ったり発表する活動を行うことで児童が英語を使う機会を増やすことができる．ペアやグループで相手を変えて繰り返しアウトプットをすることで統合のプロセス，すなわち言語処理の自動化や発話の流暢さ（fluency）の向上が見込まれる．しかしながら，十分にインテイクが進んでいない状況でペア・グループ活動を行わせても児童は正しく発話できない場合が多く，また教師からのフィードバックを得ることもできない．公開研究会などの授業においても，単語のみのやり取りに終始してしまったり，児童が言いたいことを英語で表現できずに日本語でやり取りしている様子が見られることがしばしばある．そうなってしまうと，英語の学習としては役に立たない活動になってしまう．このような状況を避けるためにも，クラス全体での活動で児童がある程度きちんと発話できるようになった上でペア・グループ活動へと進むことが重要である．

3.2.4.　文字の扱い方

ここまでは音声でのインプットとアウトプット，すなわち聞くことと話すことの指導における留意点について述べてきた．本項では文字を扱う活動の進め方，すなわち読むことと書くことの指導における留意点について述べる．平成 29 年告示の学習指導要領における外国語の読むこと及び書くことの目標は次の通りである（文部科学省 2017: 78, 81）．

〈読むこと〉

ア　活字体で書かれた文字を識別し，その読み方を発音することができるようにする．

イ　音声で十分に慣れ親しんだ簡単な語句や基本的な表現の意味がわかるようにする．

〈書くこと〉

ア　大文字，小文字を活字体で書くことができるようにする．また，語順を意識しながら音声で十分に慣れ親しんだ簡単な語句や基本的な表現を書き写すことができるようにする．

イ　自分のことや身近で簡単な事柄について，例文を参考に，音声で十分に慣れ親しんだ簡単な語句や表現を用いて書くことができるようにする．

3.2.4.1.　読むことの指導の在り方

本項では主に学習指導要領の読むことの目標イに関する指導上の留意点について述べる．学習指導要領に明記されているように，読む活動に進む前に音声でのやり取りを十分に行い，読ませる英語表現に児童を十分に慣れ親しませておくことが最も重要である．英語の文字を見てその意味を理解するとき，ほとんどの場合私たちは文字を 1 度頭の中で音声化し，音声とその意味を結びつけて理解している．例えば私たちが街中で “coffee” と書かれた看板を見たとき，文字から直接コーヒーという飲み物を連想するのではなく，まず /kɔːfi/ という音を思い浮かべ，その音からコーヒーの味やにおい，色などの概念を連想する（門田 2015: 131）．すなわち，概念と音声の結びつきが十分強まってからでないと文字を見てその意味内容を理解することはできないため，読む活動を行う前に音声でのやり取りが不可欠である．また音声でのやり取りが十分でないうちに文字を読ませると，/aɪ/ … /laɪk/ … /beɪsbɔl/ のように単語ごとに音が切れてしまったり，日本語寄りの発音 /ai laiku beesubooru/ になってしまいがちである．一方，口頭で /aɪ laɪk beɪsbɔl/ と言えるようになった上で読む活動に進めばこのようなことは起こりにくい．また同様に「読みましょう.」と発問すると単語ごとに区切った読みになりがちであるため，「なんて書いてあると思いますか.」「(イラストがある場合）なんと言っていますか.」のような発問のほうがよい．文字の切れ目が音の切れ目ではないということを児童が暗に理解できるように指導順序や発問を工夫したい．

これらの点を踏まえると，小学校英語における読む活動は音声で既に学習した内容を文字で確認することで音声と文字の結びつきを強める活動として位置づけるのがよい．例えば次のような活動展開が考えられる．

① テキストを見ながら音声を聞く
② 音声を聞きながらテキストを指で追う

③ 音声の後について繰り返す／音声と同時に言う
④ 音声なしで言う

まずテキストを見ながら音声を聞かせることで，児童は音声と文字を大まかに結びつけることができる．全体を通して聞かせてもよいし，1 文ずつ区切ってもよい．その際，ただ何度も聞かせるのではなく「(音声を途中で止めて) 次になんと言うと思いますか」「baseball はどこででてきましたか」などと尋ねるなど，文字を見ながら聞く必要性が生まれるような発問をするとよい．「baseball を四角で囲みましょう」のように児童が聞き取った語句に印を付けさせるなどの活動も可能である．次に，音声を聞きながらテキストを指で追わせる．目だけでなく指で文字を追わせることで，音と文字の繋がりをより強く意識することにつながる．指追いができるようになったら，音声の後に繰り返したり音声と同時に言う活動に進む．「真似して言ってみましょう」「そっくりに言えるかな」のような発問をすると，児童はイントネーションまできれいに真似して言えるようになる．最後に音声なしで自分の力で言う活動を行うが，「自分に当てはまるものを 1 つ言う」「先生に聞いてみたいことを尋ねる」のように自己表現につながる内容であることが望ましい．このように，音声のインプットやアウトプットを，文字を見ながら繰り返し行うことで，音と文字の結びつきを強めることができる．

『We Can!』には読む活動として Story Time が設定されているが，他のリスニング課題 (Let’s Listen や Let’s Watch and Think) でもスクリプトを書き起こしてプリントを作成することで同様の活動を行うことができる．また音源がない場合でも，教師や ALT がテキストを読みあげることで実施可能である．自作のプリントを作成する場合は，児童が表現の内部構造に気づきやすいように工夫するとよい．例えば好きなものの表現であれば,「I」「like」「好きなもの」がそれぞれ縦に並ぶように文ごとに改行して記載すると，定型要素と可変要素を視覚的に理解することができる．またプリントには文字だけを記載するのではなく，意味理解を助けるイラストなどを取り入れるとよい．これらの点で，粕谷 (2018: 120) の教材例は参考になる (図 2 参照)．

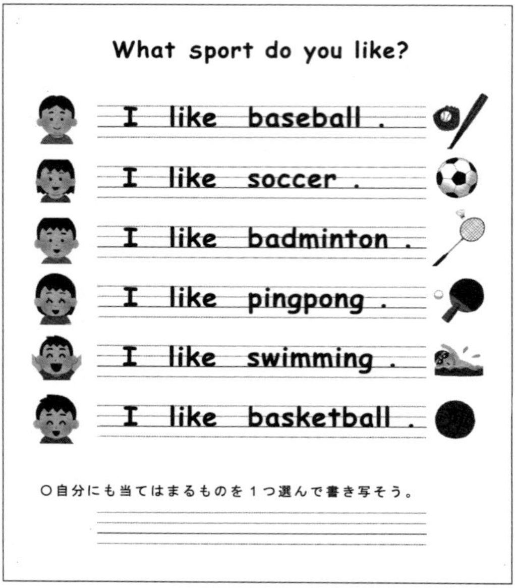

図 2 読むこと，書くことのプリント例（粕谷 2018: 120 を参考に作成）

3.2.4.2. 書くことの指導の在り方

これまでに述べてきたように，活動はインプットからアウトプットへ，音声から文字への順序で進めるべきであるから，文字でのアウトプットである書くことの指導は聞くこと，話すこと，読むことを通して目標表現に十分慣れ親しんだ上で行わなくてはならない．活動内容としては聞いたり読んだりしてわかること，口頭でやり取りや発表ができる内容について，見本を見ながら書き写す活動が中心となる．児童に口頭で発表させる際に発表原稿を書いてそれを読ませることがあるが，この指導順序では書くことが話すことの前に来るため小学校段階にはそぐわない．

配布したプリントを見本として書き写す活動を設定すれば，読む活動と書く活動を一連の流れで行うことができる．特に読む活動用のプリントに書き写す欄を設けておくことで，1 枚のプリントで読み書きの活動を完結させることができる（図 2 参照）．この場合，読む活動で用いるテキストも 4 線上に書き表しておく必要がある．

書き写す活動を行う際には以下の点に留意するとよい．まず，書くこともアウトプット活動の一種であるから，単調な練習ではなく児童が意味内容を考えながら行える活動であることが望ましい．例えば，読む活動で用いたテキストのうち自分に当てはまるものを選んで書き写す活動は，児童が自己表現できるため学習動機の向上にもつながるだろう．逆に例文をただ 5 回書き写させるような単調な活動は，児童がその意義を感じられずに筆記が雑になったり動機の減退につながるだろう．また文の空所に語句を書き入れさせる活動だけでなく，文全体を書き写させる活動も取り入るとよい．文の一部だけを書き写させる活動は単調な作業になりがちであるが，文全体を書き写させることで文の意味内容や語順に意識を向けることができるようになる．

プリントを自作する場合にはその構成にも注意したい．まず児童に書かせる部分には必ず 4 線を配置すべきである．アルファベットを書くことに十分慣れるまでは氏名を書く部分にも 4 線があったほうがよい．また書き写す際の目線の動きを考えると，見本と書く場所が縦に並ぶように，見本と書く場所ができるだけ近くにくるようにプリントを作成することで児童が活動に取り組みやすくなる（図 2 参照）．

4.　おわりに

本章では，小学校英語における指導のポイントをインプットの与え方，アウトプットの促し方，文字の扱い方の 3 つに分けて解説した．実際に授業を行う際には，インプットの活動，アウトプットの活動，文字を扱う活動のように別個に設定するよりも，一つの題材でインプットからアウトプット，そして読み書きの活動へと展開できるとよいだろう．児童の様子を適切に見取り，状況に合わせて行きつ戻りつしながら授業を進めていくことこそ，小学校教員の得意とするところではないかと思う．小学校は中学校や高校に進学しても続いていく英語学習のスタート地点である．先を見据えて焦らず，児童に豊かな言語経験を積ませてあげてほしい．

参考文献

Gass, Susan M. (2018) *Input, Interaction, and the Second Language Learner*, Routledge, New York. [originally published in 1997]

樋口忠彦・加賀田哲也・泉惠美子・衣笠知子（編著）(2013)『小学校英語教育法入門』研究社，東京.

門田修平 (2015)『シャドーイング・音読と英語コミュニケーションの科学』コスモピア，東京.

神谷信廣 (2017)「第 4 章　話す活動と文法指導―フィードバック」『実践例で学ぶ第二言語習得研究に基づく英語指導』，鈴木渉（編著），45–62，大修館書店，東京.

粕谷恭子 (2018)「小学校での音声指導・文法指導　中学校との棲み分け」『日本児童英語教育学会 (JASTEC) 第 39 回全国大会資料集』117–120.

文部科学省 (2017)『小学校学習指導要領（平成 29 年告示）解説　外国語活動・外国語編』<http://www.mext.go.jp/component/a_menu/education/micro_detail/__icsFiles/afieldfile/2018/05/07/1387017_11_1.pdf>

第Ⅴ部

英語文学

第９章

英語文学の理論

竹森徹士
（宮城教育大学）

1.　はじめに

本稿では英語で書かれた文学を英語教育や英語学習の教材に活用する際の意義について確認する．具体的な作品を紹介しながら文学活用の例としたい．

2.　文学作品の意義

語学教育，学習において文学作品はどのような価値を持ちうるだろうか．英語による詩，演劇，小説などの文学作品は，英語圏における言語芸術の粋であり，文化を構成するひとつの磁場である．幾世代にわたって読み継がれ，語り継がれてきた，いわゆる古典と呼ばれる数多くの作品は，時代や地域の文化を代表する存在である．また，口承の民話や昔話など，作者は不明だが誰にも馴染みの物語などもある．歌，絵本，映画，テレビ，ネットなど，様々な形態のメディアを通して生まれる名作も多い．

それらの作品に触れ，私たちは作品が作り上げる独特な世界とそんな世界を生み出した想像力に心が動かされることがある．違和感を抱くこともあれば，思わず共感し納得することもあるだろう．読者にそうした感触を抱かせるのは，極めて個性的な思考力，想像力を持つ作者の力量のせいかもしれない．それとも作者，作品が属する，私たちとは異なる文化的土壌のせいかもしれない．

反発，共感，好奇心などの反応を読者に喚起し，増幅させ，時には大きく人の心を揺さぶる力が文学にはある．あるいは，そういう力をもつものを文学という．文学に触れることは，単なる情報伝達にとどまらず，そうした感情を誘発されるほどの体験をする機会である．外国語，異文化というある種の心理的距離あるいは壁が伴い得る条件にもかかわらず，そうした体験ができるのであれば，その体験はなおのこと有意義なものであろう．そうした経験によって好奇心が掻き立てられ，学習意欲もコミュニケーションの意欲も大いに高まるのなら，それは素晴らしいことに違いない．これが外国語の文学を教材に用いる意義だと思われる．

3.　文学教材に期待される 2 つの側面

英語で書かれた文学を教材とした学習に期待されるものを，大きく語学的側面と文化的側面に分けて確認しておきたい．

3.1.　語学的側面

文学において期待される語学的側面とは，文法というよりは修辞である．比喩や誇張表現など，表現を文字通りに理解するとはかぎらず，語のつながり，前後関係，文脈から，場合によってはその場その場で特定の意味を推測し，理解するものである．言葉を表面的にとらえるだけでなく，その向こうにもしかしたら別の意味が隠れているかもしれない，そう考える余地を持ちながら言葉に向き合うことが文学で学ぶ態度であり姿勢である．[1]

書き手，話し手の立場や意図をよく考えながら言葉や表現を理解する，あるいは，読み手，聞き手の存在を十分意識しながら言葉や表現を用いるとい

[1] 柳瀬「英語教育の哲学的探究 2」参照．「文学の正典主義から，文学的文章，そして文学的読みへ」という見出しのもと，柳瀬は「文学」を一定の評価が与えられた文学作品に限定する（それを正典主義と言う）のをやめて，広告や政治家のスピーチなど日常の文章にも存在するものとし，それを「文学的文章」と呼ぶ．また，「文字通りの意味や定式化された慣用的な話者の意味を超えた読み」を「文学的読み」と呼んでいる．

う行為はこうした文学的姿勢の延長にある．これはごく日常的な行為のはずなのだが，こと外国語になると途端に勝手が違ってしまう．

言葉が使えて楽しい気持ち，言葉が使いにくくて戸惑う気持ち，その両方をしみじみ感じ，言葉の奥深さを知るのが外国語学習だと思うが，英語で物語を聞いたり，読んだり，話したり，書いたりすることで，そうした実感を得られたらよいのではないか．

3.2. 文化的側面

文学作品は文化理解の入り口でもある．文学作品の描写を通して，私たちは地域の文化を知ることができる．作品に描かれた風景描写や人物描写から作品の舞台の自然の様子や背景となる風俗や社会の一端を知ることができる．何気ない描写にも，面白い発見があるかもしれない．もちろん，作品の描写がそのまま社会の様子を反映しているわけではないが，私たちとは異なる文化を生きる人々の姿を時に生々しく伝えてくれることは間違いないだろう．また作品を通じて作者や時代の思想や想像力についても知ることができる．写真や映画の迫力はむろん魅力的であり，そうした視聴覚素材は扱い方を弁えて用いれば大いに文化理解の助けになる．ただ，言葉でしか伝わらないものや理解できないものもある．それぞれが有効に用いられ，相乗的な効果を発揮できればと思う．

作品そのものも文化的な存在である．文学史とは文化史の一部だが，文学史で取り上げられる諸作家や作品群のなかには，現代にいたるまで多くの読者の支持を集め，名場面，名文句などが知られ，何度もドラマ化されたり映画化されたりして，文化的に一定の影響力を持つものがある．こうした古典的な作品のあらすじや読まれ方を知っておくだけでも便利なものである．これはあくまで文化的な情報や知識に関わる事柄で，英語運用力に直接関わるものではない．にもかかわらず，こうした文化的側面に効用があるとするなら，それは，言葉に実感が加わり，言葉への関心と親しみがより湧いてくることにあるだろう．

以降，次セクションからは，具体例として，文化理解の入り口としての文学という内容を扱う．聞いたことはあるが，あまり深く考えたことはないという内容ということで，イギリス文学から妖精というテーマを選んでみた．目新しいものではないが，古びることはないと思う．あくまでも，ほんの入り口にすぎない．テーマをめぐって辞書を引いたり，参考書を見たり，作品を引用したりしながら，言葉や文学や文化に向き合えたらよいと思う．

4. 「妖精」とは？：「妖精」およびその周辺

そもそも妖精とは何だろう．今から 150 年ほど前の 1870 年にイギリスで出版された『妖精の国で』（*In Fairy Land*）という，大きくて美しい絵本がある．野の花くらいの大きさの小人たちが，草むらで小鳥や虫たちとじゃれあい，戯れている．草陰で寝そべったり，キノコの周辺で踊ったりしている．虫の足を引っ張ったり，カタツムリにまたがったり，やんちゃなのもいる．なんとも愉快で楽しそうだ．それらの絵の合間に「夜明け」から始まり「日は暮れて」で終わる幾編の詩が挿入されている．絵の作者はリチャード・ドイル．あの名探偵シャーロック・ホームズの作者のコナン・ドイルの叔父である．挿入詩の作者は W・アリンガムという人物．

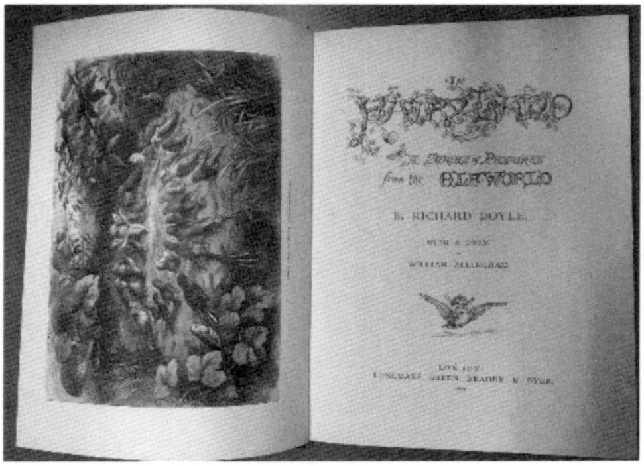

図 1　ドイル『妖精の国で』（復刻版　宮城教育大学附属図書館所蔵）

この絵本で描かれている小人たちが妖精である．目をよく凝らさないと見えないほど小さい姿をした想像上の生き物であり，あまり人に危害を加えそうには見えず，どちらかといえば癒《いや》しを与えてくれそうな存在，そんな印象であろうか．このあたりを出発点にしてみよう．

まず日本語の辞書で「妖精」を引いてみる．『広辞苑』によれば「妖精」とは「西洋の伝説・物語に見える自然物の精霊．美しく親切な女性などの姿をとる．ケルトやラテン系民族に多く，各国で名は違う．仙女」だという．短い説明だが情報は多い．まず，西洋のものだとされ，性別は女性だとされる．「仙女」という言葉には東洋的な響きがあって，違和感を感じるが，いかがだろうか．また，ケルト，ラテン等，民族への言及もある．

井村君江『妖精学入門』によれば，「妖精」という言葉が日本で用いられるようになったのは大正時代である．[2] さきほど紹介した絵本のタイトルを参照すれば「妖精」に相当する英語は “fairy” だと今でこそあっさりと片付けられるが，かつては “fairy” に対応する日本語はなかった．“fairy” を「仙女」と呼んだのは上田敏で，芥川龍之介は「精霊」という言葉に「フェアリイ」とルビをつけた．大正末期，愛蘭土（アイルランド）文学会を立ち上げた文学者の吉江喬松《たかまつ》，日夏耿之介《こうのすけ》らが「妖しい自然の精霊」ということで「妖精」という語を定着させたという．妖怪，妖言《ようげん》という言葉があるように「妖しい」という言葉には人を惑わすネガティブなイメージがある．また，そもそも「仙女」と命名されていたところは興味深い．『妖精の国で』に登場する妖精のイメージとはかなり印象が異なる．

日本に “fairy” という言葉がその概念と共に輸入されるにあたり，ある種の概念の変容があったらしいことは伺えるし，それとともに「妖精」という言葉が定着していったようだ．その過程を辿るのは興味深い．「妖精」が西洋の輸入概念であること，「妖精」は翻訳の際の造語で先人の労苦が刻まれたものであることをあらためて確認しておくことにしよう．次は英語の “fairy” に目を向けたい．

---

[2] 井村『妖精学入門』56.

5. “fairy” およびその周辺

試みに世界最大の英語の辞書である『オックスフォード英語辞典』(*Oxford English Dictionary*，略して OED）で “fairy” を引いてみる．名詞の 4 番目の語義が適当だと思われる．それによれば “fairy” とは “One of a class of supernatural beings of diminutive size, in popular belief supposed to possess magical powers and to have great influence for good or evil over the affairs of man. See ELF and FAY.” とある．すなわち「小さな姿をした超自然的存在で，民間伝承では，魔力を持ち，良きにつけ悪しきにつけ人事に大きな影響を持つとされる」．“See ELF and FAY” というのは，“elf” とか “fay” という言葉を参照せよ，ということだ．「良きにつけ悪しきにつけ」とあるように，必ずしも善良で無害な存在というわけではなさそうで，ここでも『妖精の国で』の印象とは異なる面が見られる．

OED という辞書の面白いところは，該当語のそれぞれの語義に続いて，用例が年代順に並べられていることだ．OED では上記の意味の最初の用例は 1393 年となっている．だいたい 14 世紀末あたりから用いられた言葉だと見当がつけられる．英語の歴史の感覚ではそれほど古い言葉ではない．

研究社の『新英和大辞典』という大きな英和辞書でも “fairy” を引いてみる．イギリスを代表する妖精の名前が挙げられており，該当項目に説明がある．夜のうちに農作業や家事の手伝いをしてくれるというスコットランドの妖精ブラウニー (brownie)，捕まえると宝の場所を教えてくれるというアイルランドの妖精レプレコン (leprechaun)，イギリスの民話に登場し，いたずら好きでロビン・グッドフェローとも呼ばれるパック (Puck) という妖精が挙げられている．

辞書では “fairy” と結びついた様々な語が見出しにある．“fairy tale” は「おとぎ話」のこと．「信じられない話，作り話」の意味もある．“fairy circle” という語を見ておこう．これは “fairy ring” と同義で，「菌環，仙女の輪，菌輪」と訳されている．キノコによって生じた草地の環状の部分のことで，妖精たちの舞踏の跡と信じられていた．『妖精の国で』でキノコの陰で眠ったり，キノコの周辺で踊ったりしている挿絵があるのはこの “fairy ring” にちなんだものだったことが分かる.

だが愉快な話題ばかりでもない. アイルランドにはバンシー（banshee）という女の姿をした妖精がいる. 家族の誰かが亡くなるとき, それを知らせるために泣き叫ぶのだそうだ. “changeling” とは「取替え子」という意味で, 子供が妖精にさらわれ, その代わりに残された子供を指す言葉だ. 妖精は子供をさらうのだ. ブラム・ストーカーの『吸血鬼ドラキュラ』（1897）はイギリス文学を代表する怪奇小説のひとつだが, その作品に影響を与えた「吸血鬼カーミラ」という中編で知られるジョセフ・シェリダン・レ・ファニュという 19 世紀のアイルランドの幻想作家がいる. 彼の短編に「妖精にさらわれた子供」（1870）という物語がある. アイルランド西部リムリック周辺を舞台にした, 妖精による子供誘拐の物語である.

6. 文学作品に登場する妖精たち

イギリス文学に登場する妖精の様子をみてみよう. 井村君江『ケルト妖精学』はイギリス文学で妖精が登場する作品を網羅した大著で, 同書を読むとあたかもイギリス文学は妖精なしでは成り立たないように思われてくる. 以下, 同書に取り上げられ, 文学史的にも知名度が高く, かつ筆者がぜひ紹介したいと思う作品をあらためて取り上げた. いずれも作品自体入手しやすく, 邦訳もあり, 関連する映画作品もある. 文化理解の入り口として参考になればと思う.

6.1. 『ベーオウルフ』

イギリス文学史という本があったとすると, まず最初に登場するのが『ベーオウルフ』（*Beowulf*）という作品だ. これは怪物退治の英雄ベーオウルフを主人公にした叙事詩で, 8 世紀頃の作品と推定されている.

物語の冒頭, グレンデルという怪物の由来が説明されるのだが, そこで妖精が言及される. その説明では聖書のカインとアベルの兄弟の物語が下敷きになっており, グレンデルはカインの末裔とされる. 弟のアベルをあやめたことにより, 兄のカインからあらゆる邪悪なものが生まれたという. この箇所を邦訳と英語訳で見てみよう．当時の英語は古英語といって現代の英語とは異なっているので，現代英語訳を引用する．

(1)　そのカインより，ありとあらゆる邪《よこしま》なる末裔《まつえい》が，
妖怪と妖精と悪霊とが，また久しきにわたり神に刃向かいし巨人どもが生まれ出た．　(『ベーオウルフ』)[3]
In him all evil-doers find their origin,
Monsters and elves and spiteful spirits of the dead,
Also the giants who grappled with God　(*Beowulf*, ll. 114–116)

上記の引用で妖精に相当する語は "elf" の複数形である "elves" である．さきほど OED で確認したように "fairy" という言葉が使われたのは 14 世紀以降とされ，そもそも "fairy" という言葉は使われていない．この"elf"という言葉が「妖精」に相当する．妖怪や悪霊と並び，「邪《よこしま》なる末裔《まつえい》」とされているのだから，妖精はいわゆる魑《ち》魅《み》魍魎《もうりょう》の一派なのだろう．ちなみに，OED で "elf" を引くと 1 番目の語義にこの箇所の原文が初出の引用例として挙げられている．

6.2.　シェークスピア『夏の夜の夢』

次は時代を下って，16 世紀後半から 17 世紀前半頃に活躍したイギリスを代表する劇作家ウィリアム・シェークスピアの『夏の夜の夢』(*A Midsummer Night's Dream*, 1595–96) という喜劇の妖精を見てみたい．シェークスピアというと『ロミオとジュリエット』や，いわゆる四大悲劇（『ハムレット』，『オセロー』，『リア王』，『マクベス』）が有名で，悲劇の作家だと思われたりするが，そういうわけではない．タイトルにある "midsummer night" とは，洗礼者ヨハネの祝日である 6 月 24 日の前夜で，魔女など超自然的なものがはびこる時とされる．諸聖人の祝日 11 月 1 日の前夜のハロウィーンの状況を思わせる．妖精の活躍を期待させるのにうってつけのタイトルだ．

物語の主な舞台はアテネ郊外の森だが，その森は妖精の支配する異界であ

---

[3] 以降，引用はかっこあるいは注を付して引用情報を添える．

る．オベロンという王，ティターニアという女王をはじめ妖精たちがおり，そのなかにパックという妖精がいる．先ほど辞書を参照した時に登場した妖精である．パックの素性を尋ねる妖精とパックの会話を見てみよう．

(2)　妖精　　あんたの姿や恰好を見まちがえているのかもしれないけれど，あんたはたしかロビン・グッドフェロウといういたずら者の精霊じゃなかったのかしら．村の生娘たちをびっくりさせるってのもきっとあんただわね．それから，さんざん牛乳《ミルク》の上皮をすくったり，手引き臼で穀物をひいたり，ふうふういって百姓のおかみさんが攪乳器《かくにゅうき》で牛酪《バター》を作っているのを台なしにしたり，時には酒がむれるのを邪魔したり，夜道を歩く人をたぶらかしては悦に入っているってのもあんただわね．自分をホブゴブリンとか可愛いパックとか呼んでくれる人には仕事をしてやったり，幸運を授けてやったりしてるんでしょう？ きっと，そうだわね？

パック　　そうだ，そのとおりだ，おれはまさしくお前さんのおっしゃるとおりの夜の愉快な放浪者なのさ．王様のオベロン様に仕えて冗談いうのが役目でね．メス馬に化けて肥えて元気のいいオス馬を迷わせたりして王様を笑わせるってわけだ．時には焼林檎にばけて婆さんたちの茶碗の中にかくれることもある．いざ飲もうという間際におれはひょいとその口もとへ飛び出して，ぺちゃんこの乳房に麦酒《エイル》をぶっかける．知恵者面をした小母《おば》さんが世にも真面目な話をしながら，ふっとおれを三脚椅子と感ちがいして腰をかけようとする，さ，そこでおれはそのお尻からひょいと逃げる．すってんころりと小母さんは転がる．

（シェイクスピア『夏の夜の夢』第２幕第２場）

妖精とパックの会話で語られる数々のエピソードが当時の人々の日常生活の活写ともなって面白い．400年以上前の人たちの生活が生き生きと伝わってこないだろうか．また，いかにこのパックがいたずら好きなおどけ者で陽気なキャラクターかがわかる．

劇にはいくつかの筋があるのだが，とりわけパックがからむのは森での二組の男女の恋愛沙汰である．ハーミアは親が選んだディミートリアスとの結婚を拒み，愛するライサンダーとともに森へ逃れる．ハーミアを愛するディミートリアスとディミートリアスを愛するヘレナも森へ向かう．森の妖精の王であるオベロンは男女の関係をうまくまとめようと，妖精パックに命じて魔法の薬を使うことにする．その効能とは目覚めて最初に目にした相手に恋してしまうというものである．パックはディミートリアスにこの薬を使うはずが，ライサンダーに使ってしまう．そこで関係がよけいに混乱してしまうのだが，最後は円くおさまる．

良かれと思った行為が，思わぬ失敗のせいでかえって大きな混乱を招いてしまう，そんな出来事を引き起こしてしまうちょっと可哀想だが滑稽な役回りを担うのがパックであり，この作品では愛すべき存在である．

また，『夏の夜の夢』はこの妖精パックが劇を締めくくることからも，その存在感がうかがえる．劇はパックの次の言葉で幕が引かれる．「このたわいもない物語は，ただ一時の夢のようなものでございますので，皆様のご海容をいただきとうございます．… では，皆様，ご機嫌よろしゅう，お休みのほどを．もしそのお気持ちがございましたら，どうかお手を拝借願います．このロビンも必ずご恩に報いる所存でございます．」パックのこの言葉に観衆は拍手で応じるのであろう．

その他の妖精の様子についても触れておきたい．そもそも森に妖精の王国があり王や女王がいるということが私たちには奇異に映るかもしれない．その女王ティターニアのセリフを引用しておく．

(3)　ティターニア　　さあ，輪になって踊ってちょうだい．妖精の歌も聞かせてほしいわ．それがすんだら二十秒ほどでいいからみんなに働いてもらうわ．香り高い薔薇についた虫を誰かにとってほしいし，他の者には蝙蝠《こうもり》をやっつけてその鞣《なめ》し皮のような翼をぶんどってきてほしいの．あたしの小さな妖精どもの上着にするんだから．夜中うるさく鳴いて，あたしの可愛い妖精をびっくりさせるやかましい梟をおっぱらう仕事も誰かに頼みたいわね．さ，歌を歌ってあたしを寝かしてちょうだい．それがすんだら仕事にかかるのよ，あたしをそっとしておいて，ね．いいこと？

（シェイクスピア『夏の夜の夢』第2幕第2場）

これはまるで『妖精の国で』に登場する小さな妖精たちへの呼びかけのように思える．

イギリス文学における民俗学研究で知られるキャサリン・ブリッグズの『妖精の時代』によれば，パックの性質は「まさに民間伝承そのまま」(56)であり，劇中の妖精たちも民間伝承にもとづいているという．当時の人々が妖精が実在すると思っていたかどうかはまた別の話であるが，こうした劇に登場する妖精を見ている限り，人々の妖精に対する日常的な親しみを感じることはできるし，そうした土壌があってこそこうしたキャラクターやセリフが生まれたことは容易に想像がつく．妖精が民衆の文化に根付いた存在であり，それが文学作品に取り入れられ，作品に活気を与えている例がここに見られる．

また，ブリッグズは，シェークスピアが民間伝承から借用した妖精の特徴で，それまでの文学にはなかったものとして，妖精が小さいこと，そして妖精が優しいことを指摘している．大きさだけでなく，性格の点でもこのような妖精像は『妖精の国で』の妖精とずいぶん似ている．

6.3.　19世紀における民俗学的関心

18世紀後半から19世紀にかけての動向で確認しておきたいことを挙げたい．民衆文化への関心を示すものとして民俗学の誕生がある．18世紀後半，古事物研究家ジョン・ブランドは人々の生活習慣，民間伝承，迷信などを収集した『イギリス民衆の古事物記録』(*Observations on the Popular Antiquities of Great Britain*)(1777) と題する書物を出版した．同書は後継者によって19世紀以降も継続的に版を重ねていたようだ．浩瀚な著作で日本では抄訳として一部が翻訳されており，そこには妖精についての記述もある．[4] くわえて，魔術，占い，吉兆，縁起等，祭事から俗信の類まで，民俗的事例

[4] ブランド (1965)『イギリスの故事』参照．

の宝庫である．19世紀の中頃，同書のタイトルにも示されている“popular antiquities”という言葉は“folk-lore”という言葉に引き継がれ（OEDによれば初出は1846年とされる），1878年には民俗学会（Folklore Society）がロンドンで設立される．『妖精の国で』とほぼ同時代の出来事である．

6.4. バリ「ピーター・パン」の物語

最後に20世紀初頭の作品を見てみたい．J. M. バリ（1860–1937）のピーター・パンの物語である．ピーター・パンといえば，ネヴァーランドという架空の場所でフック率いる海賊と戦う冒険物語の主役で，アニメや実写で何度か映画化され，ミュージカルにもなっている永遠の少年として知られる．

ピーター・パンをタイトルにした作品は二作ある．ひとつは『小さな白い鳥』という1902年に出版された物語の挿話から生まれた『ケンジントン公園のピーター・パン』（1906）で，成り立ちからいえばピーター・パンの最初の物語である．もうひとつは1904年初演の劇を物語に書き下ろした『ピーターとウェンディ』（1911）である．ネヴァーランドで活躍するピーター・パンが登場するのは後者である．

まず『ケンジントン公園のピーター・パン』を見てみよう．劇や映画のピーター・パンが動だとするとこちらは静で，どちらかといえば感傷的な物語だ．主人公のピーターは生後七日で自宅の窓から抜け出してしまったため，鳥とも人間ともつかぬ状態で（物語では人間は鳥から生まれ変わって人になるとされる），ロンドン中心部付近のケンジントン公園で小鳥や妖精たちと過ごしている．

ここでも妖精の女王が登場するし妖精の学校もあったりする．また妖精の輪を作って舞踏会が催されたりして，シェークスピアの森の妖精の世界を想像できそうだ．しかしながらその一方で，語り手はそのように描かれる妖精たちの世界は読者にはすでに過去のものであり，今や忘れ去られるべきものとなりつつあることも分かっている．

図 2　ケンジントン公園のピーター・パン像（筆者撮影）

妖精は誰もが経験する幼児期と密接に結びつけられる．幼いころには周囲に妖精が存在するのだが，残念ながら成長するにつれていなくなってしまうものだという．いわば振り返ることでしか確認できない存在である．語り手はこう述べる．（なお，ややこしいのだが，『ケンジントン公園のピーター・パン』は，本稿で参照した邦訳では『ピーター・パン』と題されている．以下，引用の際には，そのタイトルに従って引用源を『ピーター・パン』と記載している）．

(4)　あなたが鳥だったときには，妖精のことをかなりよく知っていましたし，赤ん坊のころには，まだたくさんそのことを覚えていたのに，それを書きのこしておくことのできないのは，まことに残念です．というのは，だんだんにあなたがたは忘れてゆくからです．そして，私は，「妖精なんか一度だって見たことがないや」という子供がいるということを聞いたことがあります．

（バリ『ピーター・パン』53–4）

こうしたことから，赤ん坊のむづかりが実は自分たちが話す妖精の言葉を大人が理解してくれないことに対する癇癪《かんしゃく》だという，いささかユーモラスな説明がなされる箇所もある（バリ『ピーター・パン』58）．

そして，とりわけ印象的なのが妖精の誕生についての記述である．この描写を読んで赤ん坊の笑顔とその笑顔の周囲を生き生きと跳ね回る，生まれたばかりのたくさんの妖精たちを思い浮かべてみたくならないだろうか．

(5)　妖精と人間が違う大きなところは，妖精は役に立つことを決してしないということです．この世に初めて生まれてきた赤ん坊が，初めて笑ったときに，その笑いがこなごなにわれて，何百万という細かいものになって，それがすっかり跳ねまわってゆきました．それが妖精のはじまりでした．（バリ『ピーター・パン』57）

One of the great differences between the fairies and us is that they never do anything useful. When the first baby laughed for the first time, his laugh broke into a million pieces, and they all went skipping about. That was the beginning of fairies.[5]

『ケンジントン公園のピーター・パン』では旧来の常套的な妖精の描写も見られるが，妖精描写に関して注目すべき点はむしろ，語り手によるこうした妖精の捉えなおしかと思われる（この妖精のはじまりについてのエピソードは，『ピーターとウェンディ』でも繰り返されている）．妖精の影響の及ぶ領域はずいぶん限定されてはいる．妖精は矮小化され，実体感は薄れ，ますます現実からは退却している．ただし想像力の世界での存在感は大いにありそうだ．

次に『ピーターとウェンディ』(1911) を見てみよう．『ピーターとウェンディ』はネヴァーランドを舞台にした冒険物語だが，そのなかで妖精に関する大事な場面がある．ピーター・パンにはティンカー・ベルという女性の妖精が登場する．ある時，ティンカー・ベルはピーターを救おうとしてフックに盛られた毒を飲んでしまい瀕死の状態になる．

(6)　ティンクは，もし，子どもたちが妖精を信じてくれれば，じぶんは，またよくなるだろうと言っているのです．

---

[5] Barrie, J. M. (2004) *Peter Pan*, 189.

ピーターは，両手をまえにさしだしました．

…

「きみたち信じますか？」ピーターはさけびました．

…

「もし，きみたちが信じてくれるなら，」と，ピーターは，子どもたちにむかって，さけびました．「手をたたいてください．ティンクを殺さないでください．」

(バリー『ピーター・パンとウェンディ』249-50)

物語ではピーターは周囲の子どもたちに向かって呼びかけているが，劇場では観客の子どもたちに向かって呼びかける場面となる．「きみたち信じますか？ … もし，君たちが信じてくれるなら，… 手をたたいてください．ティンクを殺さないでください．(“Do you believe? … If you believe, … clap your hands; don’t let Tink die.”)」，[6] このピーターの呼びかけに応えて観客は拍手し，ティンクは息を吹き返す．観客を巻き込んでのこの展開に思わず手が動いてしまうのではないだろうか．[7]

7. おわりに

妖精なんて，と思っていたけれど，こうして妖精をめぐって積み重ねられた物語や文化に触れてみて，もしかしたら，いるのかもしれない，そんなことをここに至って少しでも感じていただいたのであれば，妖精を材料に文化理解の入り口としての文学を実感したことになる．妖精とは呼ばないけれども，似たような概念が私たちの周りにも存在するかもしれないと思ったりもする．

英語学習においても，ちょっとした関心からでも言葉や文学や文化の深さ

---

[6] Barrie, J. M. (2004) *Peter Pan*, 114. 劇場版については Barrie, J. M. (1995) *Peter Pan and Other Plays*, 137.

[7] ジョニー・デップがバリを演じる伝記的映画『ネバーランド』(2004) や，イングランドのヨークシャーのコティングリー村の妖精写真事件に取材した映画『フェアリーテイル』(1997) 冒頭でこの場面の上演シーンが取り上げられている．

を知ることができれば，外国語や異文化に対する親しみも実感もかなり異なってくるだろう．そんなところに文学も大いに貢献できると思う．

参考文献

Anonymous (1999) "Beowulf" *The Longman Anthology of British Literature: Volume 1A The Middle Ages*, ed. by Christopher Baswell and Anne Howland Schotter, 27-94, Longman, New York.

バリ，ジェームズ (1953)『ピーター・パン』新潮社，東京．

バリー，J. M. (2003)『ピーター・パンとウェンディ』福音館書店，東京．

Barrie, James M. (1995) *Peter Pan and Other Plays*, Oxford University Press, Oxford.

Barrie, James M. (2004) *Peter Pan: Peter and Wendy and Peter Pan in Kensington Gardens*, Penguin, London.

ブランド，ジョン (1965)『イギリスの故事』研究社，東京．

ブリッグズ，キャサリン (2002)『妖精の時代』筑摩書房，東京．

Doyle, Richard (1979) *In Fairy Land: A Series of Pictures from the Elf-World*, Holp Shuppan, Tokyo.

ドイル，R (1988)『妖精の国で』筑摩書房，東京．

井村君江 (1999)『妖精学入門』講談社，東京．

井村君江 (2003)『ケルト妖精学』筑摩書房，東京．

川崎寿彦 (1987)『森のイングランド』平凡社，東京．

忍足欣四郎 (訳) (1990)『中世イギリス英雄叙事詩　ベーオウルフ』岩波書店，東京．

レ・ファニュ，J. S. (1993)「妖精にさらわれた子供」『怪奇小説の世紀　第2巻　がらんどうの男』西崎憲 (編)，国書刊行会，東京．

シェイクスピア，ウィリアム (1964)『夏の夜の夢』『世界古典文学全集』42，筑摩書房，東京．

Shakespeare, William (1991) *A Midsummer Night's Dream*, The Arden Shakespeare, Routledge, London.

下楠昌哉 (2005)『妖精のアイルランド：「取り替え子」の文学史』平凡社，東京．

柳瀬陽介「英語教育の哲学的探究2： 日本英文学会シンポジウム『文学出身』英語教員が語る『近代的英語教育』への違和感：報告と資料掲載」<http://yanaseyosuke.blogspot.jp/2013/09/526-1-2-3-canon-jakobsonlinguistics-and.html>　2019.1.27 最終アクセス．

関連映画

『フェアリーテイル』(*Fairy Tale: A True Story*) (1997)

『真夏の夜の夢』(*A Midsummer Night's Dream*) (1999)

『ネバーランド』(*Finding Neverland*) (2004)

第10章

英語文学の実践*

根本アリソン
(宮城教育大学)

1. 英語の授業でなぜ絵本を使用するのか?

絵本の読み聞かせでは,例えばエリック カール作「はらぺこあおむし」などのような比較的易しい絵本は,日本を含め世界中の子供たちを含めた早期英語学習者にとって,自然に興味を持ちながら語学能力を発達させるための優れた教材として保護者,教師の両方から認識されてきている.

筆者は20年もの間,小学校での英語の授業の中で絵本を用いてきたが,その経験から絵本ではフレーズの反復リズムによって児童たちがその英単語を容易に思い出し,楽しみながら物語を聞いていることがわかる.そして最も重要なことは英語を覚えようとする以前に,まずその活動そのものを楽しんでもらうことである.

さらに,温かく落ち着いた雰囲気の中で児童たちの保護者や先生と一緒に絵本を読むということは,児童たちの読み書き能力を発達させていく上で非

---

* 本章は,根本アリソン特任教授が,「小学校英語の授業に生かせるスキルアップ講座(文部科学省委託事業:宮城教育大学主催)」にて行った講習もとにした内容を英文で執筆し,その一部を根本アリソンと西原哲雄(宮城教育大学)が共同で日本語に訳出したものである.

本章を執筆するにあたり,Karen Masatsugu 氏,梁瀬千起氏,Patricia Daly Oe 氏,Judith O'Loughlin 氏,木村侑香子氏に特に感謝したい.さらに,今までに多くの方々が筆者に素晴らしい絵本を紹介し,また絵本から広がる様々な活動を共有してくださった方々にも心から感謝したい.

常に重要であるということがわかる.

物語は児童たちの興味を捉えるようで，集中力を促し，聞く力を持続させ，次に何が起こるかを予測させる力を養ってくれる．子供たちは読んでほしいがために幾度も同じ物語を要求し，その行為から読み聞かせが児童たちの発育段階に一体どのように影響しているのかを垣間見ることができるからである.

児童たちは授業の中で彼ら自身の母語の本での楽しかった体験を生かし，今度はそれを外国語の読み聞かせの活動の中でも容易に受け入れてくれるようになる．単に言葉や絵だけではなく物語を読む人の豊かな表情や動作を取り入れることも外国語を理解する上での大切な要素となる.

言葉を学ぶ児童たちのために声を出して読み手が絵本を読むことは，仮に彼らがすべての単語を知らなかったとしても概略的な意味を把握し，物事を学ぶ上でたいへん重要な能力の発達を促してゆく.

読み聞かせ活動を継続して行うということは，聞きとる能力を発達させていくということを意味しており，Wright（1995）は言葉を学ぶ児童たちの本質的な技能の観念として，「すべてを理解するのではなく，あくまでも肯定的な態度で」あるいは「意味を探り，予想，そして推測するために調べようとする行為が大切である」(Wright 1995: 4) と述べている.

これに加えて，彼は特定のリズム，イントネーション，発音を聞くことを通して児童は全体的な雰囲気と外国語の音を獲得することが可能になると述べている (Wright 1995: 5).

聞きとる能力は，例えば「はらぺこあおむし」の物語の中で “but he was still hungry” のように，幾度も反復された表現を通してさらに発達が促されてゆく.

また，新しい単語の “butterfly” が同じ物語の中の最後に，絵として現れることによって，この新しい単語が習得されやすくなる.

教師は授業の中で，絵本のイラストを見せながら，児童たちに対して新しい単語の内容に導いて行く．意味を訳する必要性はさほど重要では無いと言っても過言ではない．英語を学ぶ児童たちにとっては 1 つの絵が新しい単語を連想させ，記憶することを容易にさせてくれる.

同様に文脈の中で使われている単語群もまた，付随して記憶することが可能となる.

ほとんどの絵本の中の単語は全くシンプルで，それ故に物語の中で一体どのようなことが起きているかを簡単に想像することができる.

もし児童たちが知らない単語に出会ったとしても，その物語の状況を提示することで，その単語の意味を理解しイメージすることが可能となるであろう．言葉を反復し調子を合わせながらこれらの新しい単語や文章を一緒に音読することにより，自然にその言語を習得することができるようになっていく.

それでは英語を母語とする子供たちはどうであろうか？ Cameron (2001) はニュージーランドの Elley (1989) の研究を紹介している.「7～8歳の子供たちの語彙数は，教師が児童たちの注意力を喚起集中させながら物語を聞かせることが，より意味深い文脈に頼ることで，単に単語数を増やすといったことよりもさらに効果的に単語を学習し，持続することが可能になる.」と提唱している.

絵を加えた説明は加えない場合よりも，新しい語彙を時間にして2倍程度，記憶の中に持続させる．この事実は児童たちの3ヶ月後のテストの中でも語彙の維持が継続されていることからも証明されている.

“The Natural Approach” (Krashen and Terrell 1983) の中でもまた「言語はメッセージを伝える際の最も有効な手段であり，意識的な学習のためのものではない.」と言及している．それは読み聞かせの活動の中でも絶えず起こりうる事実でもある.

筆者の経験では，児童たちの観点からの読み聞かせという行為は，自然に児童たちを安心させ，新しい言語を学べる状態に導いていくことであると理解している.

もし教師たちが全く正反対の状況を作り出してしまったとしたら，児童たちは不安な状態やプレッシャーを感じ，学ぶことは一層困難な状況に陥ってしまうであろう.

大人たちでさえ自分の両親に読んでもらった時のような，懐かしい安心感や温もりを思い出して微笑みを浮かべるようになることがある.

このようにリラックスし，集中した状態の中では，絵そのものが持つ多大な効力によって，その物語が幾分難しい内容であったとしても，児童は次第に不安を無くしていきながら，自分自身が物語の内容を徐々に理解し始めていることを感じるようになる．

しかも，本の読み聞かせは英語の単語やフレーズを学ばせるだけではなく，それ以上の様々な事柄を子供たちに学ばせる絶好のチャンスでもある．

また，物語を皆で分かち合うために，本の表紙を開いた瞬間から，その本の展開やそれぞれの魅力的な登場人物たちによって子供たちはさらに絵本の世界へと引き込まれていくことになる．

物語は読者の感性の発達を促してくれるが，それらは言葉の意味についてだけではなく，物語の中に潜在するメッセージが母語と同じくらい児童たちの心を動かすことができる．

読者は，他人の置かれた状況の中に，自分の立場を置き換えてみることによってほかの人々が持っている複雑な感情の内面を知り，そうして初めて読者は相手の置かれている立場を理解することができる．

しかしながら英語の授業の中で，我々が使いたい上記のような絵本の多くは，英語を母語としない子供たちのための英語学習の目的で書かれたものではない．したがって，それらは英語表現の中では非常に自然な文章体ではあるが，いくつかの単語やフレーズは外国語を学ぶ児童たちにとっては難しいものもある．

それらは先に述べたように英語圏内では全く自然な英文であり，子供たちが英語の音とリズムに注意しながら自然な話し方とフレーズを持続して聞き親しむことにより，絵本からの体系的な指導方法によって外国語に対する意識の変化を芽生えさせることができる．

我々が児童と共有したいいくつかの本の中には難しい語彙を含んでいるものも存在するが，決して極端に難し過ぎるものではない．なぜならば，その絵本の中の状況においては普段の会話の中で使われている日常的な単語や，その文脈の流れの中で最も自然な表現がされているからである．

例えば，児童たちがすでに“big”という単語を知っているかも知れないが，物語の中では“enormous”という表現を使っているものもある．それ

はほとんど "big" と同じ意味合いを持つが，レベル的には比較的難しい単語ではあるが，その本のイラストを見ることにより，意味がとらえやすい単語となる場合がある．

2.　絵本の選び方

絵本の利点を考えると，カリキュラムの中で，絵本を取り入れてみたいと思うような気持ちが芽生えるかも知れないが，それを始める際に一体どのようなことから始めるべきであろうか？

まずは英語の授業のためには，どのような読み聞かせの本を選択すべきであろうか？ 最初の段階では，自分自身でできる限りたくさんの絵本を読んでみることである．

他言語の絵本の中には，日本語に翻訳されている本もあり，近くの図書館でも容易に借りることが可能である．もしそれらが児童たちにとって適切なものであると考えたならば，後で英語版を購入すればよいのである．教師自身が本当に気に入った本があれば，それらなどから始めるのが好ましいと言えるであろう．

教師たちがその本，挿絵，登場人物，あらすじ，などに共感したならば，是非読んでみたいと思う方向に流れていくはずである．

しかし，留意しなければならない点として，「児童たちが物語の全体的なメッセージや文化的背景，言語の違いというような観点から，それを読むことによって一体何を得ることができるのか？」ということを十分に考慮しなければならない．

絵とストーリーは児童たちにとって興味が自然と湧いてくるものだろうか？ その価値観は時代背景に合致したもので公正，なおかつ固定観念化されてはいないだろうか？

また，その物語は児童たちにとってその本の道徳観は理解し得るものであろうか？ この道徳観がまだ十分に浸透していない授業の中で，絵本は児童たちがほかの人を理解する手段となるのである．

児童たちが物語を英語で楽しむためのサポートを教師側から受けることに

よって十分にその物語を理解することが可能であると思われるが，物語を通して一体彼らにいくつかの新しい単語とフレーズを学ばせることができるだろうか？ また，英語の授業とは全く別の状況にも対応し，応用することができるであろうか？

どのように行えば，教師の声，表情，ジェスチャーや日本語のヒントはその物語を児童たちが絵本を理解するための手助けと成り得るだろうか？

その本は児童たちにとって年齢や発達段階にとって適切であろうか？

さらに，その内容，テーマあるいは言語はほかの分野と関連があるのだろうか？ それは児童たちが学んでいる他教科との関連がいかせるかどうかであろうか？ というようなことを本を選ぶ際には十分に考慮しなければならない．

3. よい読み手になるためのテクニック

児童たちのためにそれらの基準を満たした物語を選んだ時，次のステップとしてその物語を教師自身が十分に理解，熟知することである．ただ物語を読むことと語り部のように演じることでははっきりとした相違点があることを理解しなければならない．

まず，最初の手順として教師は本を持って，子供たちと多少のやり取りを交えながら正確に文章を読んでいく．読み聞かせでは必ずと言っていいほど練習が必要となる．練習の際には声を出しても，あるいは黙読しても何ら差し支えはない．大切なことは非母語話者にとって知らない単語の意味や発音を十分にチェックすることである．

時折，インターネットなどでもその有名な絵本を書いた著者が，自作の本を使いながら読み聞かせを行っている映像を見つけることがある．視線を落とさず見上げるようにして，子供たちとアイコンタクトを取りながら一番後ろにいる全員の児童たちまで全員に声が届くように読み聞かせをする．視線を児童たちのほうに向け，彼らの興味と理解をチェックすることはその物語の内容とメッセージを伝える上での大変重要な役割となる．

絵を見せながら全員が見えていることを確認し，1つ1つ丁寧に指で指し示しながら絵についての話をする．ブックスタンドや下の写真のような椅子を使うことはたいへん有効であり，一人でページを捲ったり本を手で支えることなく，座りながらゆったりとした気持ちで，物語や児童たちに集中することができるようになるからである．

Five Little Monkeys Jumping on the Bed の読み聞かせの場面

感情を込めてゆっくりと話をするが，時折読む動作を止めて間をいれ，コメントをしながら，児童たちからのアイディアや発言を引き出すことを忘れないようにする．児童たちを物語の中へと引き込むために彼ら自身の経験を尋ねたり，読み終わった後での発展活動の準備も怠らないようにしなければならない．

なぜなら，児童たちを参加させることは読み聞かせ活動において，一定の役割を果たす故に，前もって準備されていなければならないからである．児童たちはこれらの活動の中では受け身としてでなく，多少の個人差はあったとしても全体的，最終的には能動的になれるように導かれていくことが理想的である．

ここで述べたいことは，読み聞かせの際に一体どの程度英語と日本語を使い分けて授業を進めていくかということが挙げられる．

最初に，児童たちに安心感を持たせ，緊張感を無くし，物語の内容は彼らの理解力の範疇に収め，英語と日本語との両方を上手く使い分け，読み聞かせを始める前から興味を失わせないようにすることが大切である．

比較的難易度の高い単語を使う “A Color of His Own” について論じたいと思うが，もし教師が 1 つの物語を何度も繰り返して読んだとしたら，児童たちはその意味を徐々に理解し，やがては十分にその物語の世界へと入っていくことができるようになり，英語の語彙力は必然的に上がっていくであろう．

L1 を理解する児童たちにとって，読み聞かせの中では，児童たちは物語そのものに関心を示し，自然に内容を楽しむことができる．教師が外国語習得の教材として物語を使う時，それを一体どのように児童たちに理解してもらえるかを考慮すべきである．そして，L2 の量を工夫して，他の言語の物語でも楽しむことができるようになることが理想的である．

4.　読み聞かせ前の活動

物語を読み始める前に，本の表紙を一緒に見ることによって教師は児童たちの興味を引き出すことができるようになる．

“Brown bear, Brown bear, What do you see?” の絵本と共に “What do you see?” または “What animal is this?” と児童たちに尋ねてみる．児童たちはただ単に “熊” とだけ答えるかも知れないが，そこで教師たちは英語に言い換えて “Yes, a bear.” そして “What color is it?” と尋ねてみる．

児童たちは彼らのレベルによっては “茶色” あるいは “brown” と答えるかも知れない．今度はさらに “Is it big or small?” と質問しながら，“big” または “small” の意味をジェスチャーを使って表現することによって，児童たちにその単語の使い方を教えることが可能となる．英語，あるいは日本語で “熊さんを見たことがありますか？” “誰か熊さんを好きな人はいますか？” などのように児童たちへ簡単な質問を投げかけることによって，さらに彼らを物語の中心へと誘い込んでいくことが可能となるはずである．

それから，“Is he a happy bear or sad bear?” “Where does he live? In a forest or in a zoo?” という英文からの質問を与えることによって，児童たちのさらに外国語を理解したい，聞きたいというモチベーションが高められるようになる．

5. 読んでる間の活動

絵本を読み始める時，ゆっくりと読みながら児童たちの反応を注視し，物語を理解できるように文章と文章の間隔を空け，必要な時は単語や文章を繰り返して読んでみる．また強調すべきシーンではジェスチャーを使ったり，指で絵を差し示したりする．

もし難しい単語があったなら，より簡単な単語に差し替えることも必要である．例えば “A Color of His Own” の中で「heather（ヘザー）」という紫の花が登場するが，おそらく日本の児童たちにはこの花には馴染みがないかも知れない．そこで教師たちは，より日本人に親しみの深い，例えば「lavender（ラベンダー）」のような同じ紫の花に置き換えて物語を進めていくことになる．

なぜならば，読み聞かせの中で，もし馴染みのない単語が数多く出てきたとしたら児童たちは戸惑い，物語を理解する壁になってしまう．

児童たちは物語が進行する過程で不安やフラストレーションを感じながら “やっぱ英語が難しい，分からない！” となってしまうであろう．

しかし多くの絵本は反復的なフレーズを持っていることが多いので，児童たちは容易にそのリズムに合わせて徐々に音読に参加することができるようになる．この時，英語の意味が理解されているか否かを確認するために，児童たちにジェスチャーなどをしてみるように促してみることも有効である．

6. 読み終わった後の活動

絵本を読み終わり，児童たちにその物語の楽しさを再現させるために，読み手である教師，あるいは友達同士の間で話し合い，共有させることをお勧めする．

例えば “Pete the Cat” の中で主人公である猫の Pete が常に物事をポジティブに捉えながら自分に起こった問題を受け止めていったように，教師も過去の自分自身の個人的な経験を児童たちに話してみるのもよいだろう．

さらには，英語学習につながる活動としては，絵本の読み聞かせの後，簡単な Q&A やクイズ，ゲーム，塗り絵などをさせるとか，自分なりの似たような物語を日本語で書くとか，そのほかの活動もアイディアを取り入れるなどの工夫も考えられる．

7. まとめ

もし，教師たちがカリキュラムの中で絵本を使えば，児童たちの興味を十分に引き出し，理解しようとする気持ちを作り出す手助けができるに違いない．

英語が 2020 年から小学校 3 ～ 4 年生の必修活動，また 5 ～ 6 年生の 1 つの教科に移行するという事実において，児童たちの知識の発達と listening, speaking, reading, writing の 4 つのスキルの上に基づいたコミュニケーション能力を育成するためのカリキュラムに必然的に焦点が当てられる．

これからの目標として，教師が，児童たちのためにその活動範囲内でのインタラクティブな読み聞かせを加えることにより，適切に英語を使い，また物語について書いたり話したりすることを通して，演劇，図工的活動，想像力の表現の機会をもたせてくれるものと信じている．

絵本は我々を魅惑的な世界へと導いてくれ，すべての授業の中で重要な役割を果たしてくれる，素晴らしい，素晴らしい宝箱なのである．

参考文献

Cameron, Lynne (2001) *Teaching Languages to Young Learners*, Cambridge University Press, Cambridge.

Elley, Warwick (1989) "Vocabulary Acquisition from Listening to Stories," *Reading Research Quarterly* XXIV(2), 174–187.

Krashen, Stephen D. and Tracy D. Terrell (1983) *The Natural Approach: Language Acquisition in the Classroom*, Longman, London.

Wright, Andrew (1995) *Storytelling with Children*, Oxford University Press, Oxford.

本章で使用された絵本

The Very Hungry Caterpillar, Eric Carle, Scholastic Inc.

A Color of His Own, Leo Lionni, Scholastic Inc.
Five Little Monkeys Jumping on the Bed, Retold and Illustrated by Eileen Christlow, Clarion Books.
Brown Bear, Brown Bear, What do you see? Bill Martin Jr. and Eric Carle, Henry Holt Com.
Pete the Cat—I Love My White Shoes, Eric Litwin and James Dean, Harper Collins.

第Ⅵ部

異文化理解

第11章

異文化理解の理論

安達理恵
(愛知大学)

1. はじめに

異文化理解は，英語教育に必要なのか．異文化理解教育は，英語教育の付随的なものと思う人もいるだろう．しかし本当は，異文化理解教育こそ英語教育の根幹になると言える．その理由を本章では読手と共に考えてみたい．

そもそも，私たちはなぜ外国語を学ぶ必要があるのだろうか？ グローバル化の時代だから外国語を学ぶのは当然，とする意見もあるだろう．しかし2016年現在，海外で働く日本人は133万8千人（外務省 2017）であり，全人口のわずか1%に過ぎない．国内にいる日本人のうち仕事上メールなどで英語を使う人々は増えてはいるが未だ限定的である．例えばアルク（2015）のネット使用者を対象に尋ねた調査では，仕事上で英語を頻繁に使っていると答えたのは僅か4.3%で，日常生活で英語を使う人はほとんどいなかった．その一方，近年増加する外国人観光客の大半は中国や台湾などのアジア出身であり（日本政府観光局 2018），中国語の需要も増している．さらに高性能な翻訳機が開発され，簡単な意思疎通なら翻訳機を利用すれば出来るようになりつつある．

このような状況だからこそ，義務教育においては特に，外国語教育の2つの目標，つまり外国語コミュニケーション力の育成という実用的な価値だけでなく，異文化の他者に対する肯定的態度や，異文化・異言語を受容する態度の育成という全人的な価値を重視すべきであろう．なぜなら異文化への関心や異文化の人々とコミュニケーションしたいという気持ちがあって初めて，外国語に対する学びの意欲につながり，知識や技能の土台になると考えられるからである（図 1）．新学習指導要領でも，第 1 目標では「3）外国語の背景にある文化に対する理解を深め，他者に配慮しながら，主体的に外国語を用いてコミュニケーションを図ろうとする態度を養う」と明記されている（文部科学省 2017）．外国語を学ぶ前に異文化理解教育によって，異文化に対する関心を高め，異なる文化・人々や言語を受け容れようとする姿勢を育てることが重要だ．意義を理解しないまま知識や技能を教えても内面化できず，形だけの学習では言わば「タイヤが動かない車」になると考えられよう．

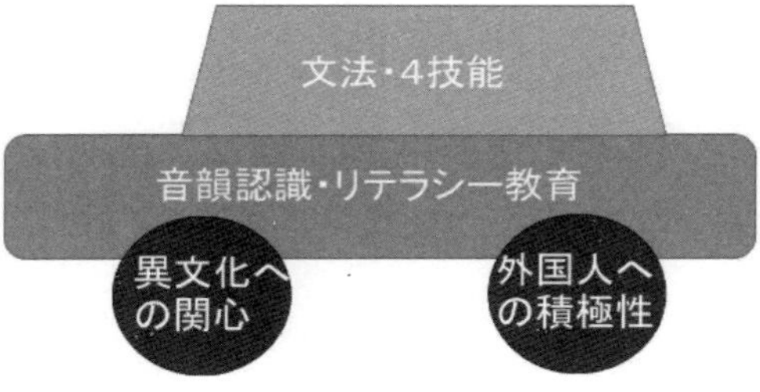

図 1　異文化理解と外国語教育モデル

2.　外国語学習と異文化理解教育

2.1.　外国語学習としての英語学習

日本人の英語力はアジア諸国と比べても低いと言われている．英語が苦手な背景として，まず日常生活で使わないため英語の有用性が分からない，実際には使わないためせっかく勉強しても受験が終わると忘れてしまう，などが挙げられるだろう（安達・牧野 2015）．例えば韓国人学生と日本人学生の英語学習について調査した佐藤（2009）によると，韓国や日本のような外国語教育環境にある学習者は，英語を話す国の文化や人々に対する憧れや，英語を話せること自体に肯定的イメージを持ち，英語でコミュニケーションしてみたいと望む場合もあるが，経済的理由や将来的な目標のために外国語を学ぼうとする場合も多い．特に韓国では仕事での英語の必要性がかなり高いこともあって,「後々よりよい仕事を得るため」,「就職や留学のための英語試験で良い成績を取りたい」などの目標も強い傾向が見られた. 英語を身近にする機会が少ない日本では, 韓国と比べると英語力によって就職まで左右されるほどの競争社会ではないため, 英語ができるようになりたいという欲求はあってもそれに学習行動が伴わないようだ (佐藤 2009).

外国語を話したり使ったりする場所があるか, また必要となる機会が有るかどうかが, 学習行動に実際に移すまでの強い意欲につながるのだろう. 例えば, 中高生の英語学習に関する意識を調査したベネッセ教育総合研究所 (2014) によると, 中高生の多くは将来外国語を自分が使うという意識は乏しいようだ. 大人になったときに社会でどれくらい英語の必要性はあるかという問いには,「ほとんどいつも英語を使う」と「いつもではないが仕事で英語を使う」を合わせて 65 ～ 70%が必要性を感じている一方で, 自分自身はどれくらい使っているかという問いには,「英語を使うことはほとんどない」という回答が中高生いずれも 4 割以上を占めていた.

また外国語学習者の場合, どの程度の能力, どのような目的意識を持つかが重要になろう. Kachru (1992: 355–357) は, “World Englishes” (世界の複数の英語) を提唱し, 世界の英語使用者を, インナー・サークル (Inner Circle) : 母語として使用, アウター・サークル (Outer Circle) : 第二言語として使用, エクスパンディング・サークル (Expanding Circle) : 外国語として使用, の 3 つのグループで表現した. さらに Jenkins (2009: 15–16) は, 英語を母語として使用する人々や英語を第 2 言語として話す人々は各々 3.5 億人だが, 外国語として英語を話す人々は定かではないが 10 億人と圧倒的に多いと述べている. グローバル化によって世界のあらゆる国との交流が進む社会では, 英語を学んでいる児童・生徒が将来, 英語を話す相手は, 英語を母語としない人になる可能性がより大きくなろう. これからの英語教育では, 母語話者の英語を目標とするのではなく, 話す相手として多様な人々を想定し, それらの人々と具体的にどのようにコミュニケーションができれば良いかを目標とすべきであろう.

2.2. 動機づけを向上する国際交流活動

英語教員であるならば，児童や生徒に一度は「どうして英語を学ばないといけないのですか」と尋ねられたことはないだろうか．日常生活で使用せず，将来に使用するイメージも持ちにくい英語などの外国語に対して学習意欲を維持することは難しい．日本の学校教育システムでは，入試や受験が英語学習の有用性を認識する機会となってきた．そうすると，このような試験が終われば，強い動機づけを維持することは困難になってしまう．外国語に限らず学業一般についての心理学における動機づけとして，代表的なものに外発的動機づけと内発的動機づけが挙げられる．内発的動機づけの概念を発展させたのが自己決定理論（Self-Determination Theory: SDT）（Deci and Ryan 2000）である．内発的動機づけとは，取り組んでいる活動に対し興味をもって目標設定や計画，方法などを自分で調整し，決定することによって，その活動自体が目的となるように，活動の面白さや楽しさを見出して取り組むこと（シャンクとジマーマン 2009: 184-188）である．自己決定理論では内発的動機づけを高める心理的欲求には，「自律性の欲求」(autonomy)，「有能性の欲求」(competence)，「関係性の欲求」(relatedness）の 3 つがある．よって外国語教育においても内発的動機づけを高めるためには，自分で学習がコントロールでき，その外国語学習において自信を持つことができ，また他者と何らかの関係性を持つことが動機づけを高めると考えられよう．

内発的動機づけを高める具体的な活動として国際交流プロジェクトがある．ぬいぐるみや紙人形などを外国の生徒と交換することで，①お手紙や日記帳などで実際に英語を使い，②言葉だけでなく写真や絵などを自分で考えて添付し，③メッセージのやり取りという体験を通して異文化の相手との交流を楽しみ，コミュニケーションにも自信を持つ国際活動になる．テディベア・プロジェクト（jEARN 2017）ではぬいぐるみを利用するので低学年向きであるが，フラットスタンレー・プロジェクト[1]では，紙人形を自分達で作る必要がある．しかしどこにでも連れて行きやすいのでより幅広い年代の児

[1] フラットスタンレー・プロジェクトとは，1995 年カナダに住むデール・ヒュバートによって考えられたフラットスタンリーと呼ばれる紙人形を使って始められた教育プロジェクト．<http://www.flatstanleyproject.com/>

童や生徒が取り組める．またメッセージのやり取りだけの活動から，テレビ会議システムを利用した外国の児童との交流会や教員の相手校への訪問など，更なる交友関係に発展させることも可能である．このような交流を通して，児童は相手が理解してくれるために英語を使う，交流が楽しいからお手紙を書く，などの情意的態度から外国語学習に対する内発的動機づけにもつなげることができる．

このようなプロジェクトの実践校として横須賀学院小学校がある．同校では 3 年生はテディベア・プロジェクト，4 年生ではマイネーム・プロジェクト，5 年生ではチョコレート・プロジェクト，そして 4 〜 6 年生でフラットスタンレー・プロジェクトに取り組み，計画を立て，メッセージ内容を自分で考えることで，児童は自律性や英語使用に対する有用性を養っている（安達・阿部・北野 2018, 安達・阿部・北野・諸木 2019）．またこれらのプロジェクト学習では，交流する相手の学校の国は，台湾，オーストラリア，ポーランド，韓国など世界の多様な国々にわたる．このような多様な外国との交流は，外国語に対する内発的動機づけを高めるだけでなく，外国の友だちをより身近に感じるようになることでさらに異文化への関心を深め，それが一層外国語学習意欲向上に繋がる好循環を生むと考えられる．

自国とは異なる多様な異文化を知ることは，世界の多様なあり様や見知らぬ物事に関心を持つきっかけとなり，心を世界に開く扉となる．このような興味・関心こそが外国語学習への動機づけの第 1 歩につながる．また英語以外の汎用的な外国語能力育成の基礎として，英語圏に限らず多様な異文化の人々との相互理解を深めることは全人教育を主流とする小学校教育で最も重要なことであろう．

2.3.　外国語教育施策と異文化理解教育

これまでの外国語教育施策における異文化理解の取り扱いを見てみると，例えば文部科学省（2014）の「今後の英語教育の改善・充実方策について　グローバル化に対応した英語教育改革の 5 つの提言」の外国語教育施策では「グローバル化の進展に伴い国際共通語である英語力の向上は極めて重要」と「アジアの中でトップクラスの英語力を目指すべき」を掲げていることから，解説では「異文化理解や異文化コミュニケーションはますます重要」としながらも，日本では外国語の中でもとりわけ英語力の向上が期待されていることが分かる．実際，新学習指導要領では第 1 の目標で文化理解の必要性を説きながら，第 2 の目標及び内容等では，4 技能についてのみの記述である (文部科学省 2017)．この結果，異文化理解を謳いながらも実際には 4 技能の育成にのみ焦点が当てられてしまっている．

しかしながら，英語力向上を特に義務教育の中心に据えることにはいくつかの課題があると考えられる．まず，(1) 高い英語力は日本人全員に必要なのか．これは前述した通り全員とは考えにくいことからすると，まずはあらゆる外国語の基盤となる異文化理解力や異文化間でのコミュニケーション能力を重視すべきと言えよう．さらに (2) グローバル化が進展することで異文化間接触も増大しているが，異文化の相手とのコミュニケーションでどの程度英語が必要になるのだろうか．例えば法務省 (2018) によると在日外国人の出身国は多い順に，①中国，②韓国，③ベトナムとなっており，日本政府観光局 (2018) によると外国人観光客の出身国も，①中国，②韓国，③台湾と圧倒的にアジア系である．さらに経済産業省 (2018) によると，日本企業の海外事業の展開先もここ最近はアジア諸国が 2/3 を占めている．これらから判断すると，児童が将来使う外国語が英語に限定される可能性は低く，むしろどのような外国語が必要となっても，まずはコミュニケーション能力の基盤となる力を育成することが義務教育課程では求められると考える．また (3) AI (人口知能) が発達すると，外国語会話の大部分は身に装着する端末 (ウェアラブル端末) の通訳機能で十分になるだろう．そうなると，英語力向上のみを目指す教育では「これからは AI があるから大丈夫」と考える児童や生徒も増え，学習意欲の向上は難しくなろう．そしてこのような施策の背景には江利川 (2013) によれば，(4) 政府のエリート主義と英語の実用主義がある．特定の一部の生徒を主な教育対象とし，アジア諸国と互角に戦える人材育成のための英語力育成を目指せば，結果的に学力格差容認の教育環境を首肯することになろう．グローバル時代の諸問題の解決には国境を超えた協力が，そして国内の外国人との共生には共感力が必要となる．世界で戦う少数のグローバル・リーダーを育成するよりむしろ，全ての生徒に対して，多様な他者と，また時には弱みや痛みを持つ人々ともより添いながら，協働・協調して解決策を考える力を育成する方が重要であろう．

他者との協同作業について，最近の「国際生徒の学習到達度調査」(PISA) の結果（国立教育政策研究所 2017: 82-83）は，日本人生徒の協同解決能力は高かったものの，この能力と関係のある生徒質問調査の協同に対する態度 8 項目のうち「他者との関係性への価値づけ」(4 項目）は全て OECD 平均より低かった．特に「異なる意見について考えるのは楽しい」については，平均より 17.5 ポイント低かった．さらに 2018 年調査からグローバル・コンピテンス（GC）が加わったが日本はこれを見送っている．OECD (2018) によると，これはローカルとグローバルと異文化間の課題に取り組み，異なった視点と世界観を理解し受入れ，他者とうまく尊重し合いながら交流できる力とされている．新学習指導要領では求められる 3 つの資質・能力として，①何を知っているか，何ができるか，②知っていること・できることをどう使うか，③どのように社会・世界と関わりよりよい人生を送るか，を挙げているが，特に②と③はこのグローバル・コンピテンスと密接なつながりがあると言えよう．英語力が向上しても自文化中心主義では異文化の他者とはうまく関係性を築けない．グローバル化がますます進む今後は，外国語を学ぶことを通して，多様な異文化の人々の考えを受け入れ，意見交換や交流を通してお互いに協力し，課題を共に考える力が必要であり，そのような力を育成することが，外国語教育においても求められる．異文化理解教育とは，多様な異文化そのものを理解するというより，むしろ異文化の人々とどのように協力し，関係性を築けるかが重要なのである．

3. 異文化理解と異文化間コミュニケーション能力 (ICC)

3.1. 異文化理解教育に纏わる概念

日本における異文化理解教育の歴史を紐解くと，明治維新以降，欧米先進諸国から「学ぶ」ことから始まった．安達（2006）では，戦後の 1950 年ころよりユネスコに参加することで実践されるようになったが，当初はまず，国家を 1 つの文化の総体としてとらえる「国際理解教育」から始まったとしている．その後，ユネスコの国際理解教育は，実験学校において実践されるようになりその数が増えていく．ただし，国際理解とは日本人が外国について学び外国に認められることを目指し，日本をより他国に理解してもらうことと考えられていた．

その後，中央教育審議会の第一次答申「21 世紀を展望した我が国の教育の在り方について」の第 3 部第 2 章　国際化と教育（文部科学省 1996）では，国際化の進展に伴い以下のような教育をすすめることを説いている．

(a)　広い視野を持ち，異文化を理解するとともにこれを尊重する態度や異なる文化を持った人々と共に生きていく資質や能力の育成を図ること．

(b)　国際理解のためにも，日本人として，また，個人としての自己の確立を図ること．

(c)　国際社会において，相手の立場を尊重しつつ，自分の考えや意思を表現できる基礎的な力を育成する観点から，外国語能力の基礎や表現力等のコミュニケーション能力の育成を図ること．

そして「国際理解教育を進めていくに当たって，特に重要と考えられることは，多様な異文化の生活・習慣・価値観などについて，「どちらが正しく，どちらが誤っている」ということではなく，「違い」を「違い」として認識していく態度や相互に共通している点を見つけていく態度，相互の歴史的伝統・多元的な価値観を尊重し合う態度などを育成していくことである」とも述べている．つまり，ここに来て初めて国を対象とした「国際理解」から，より対人関係を重視した「多様な異文化」や「多元的な価値観を尊重」が重視され「異文化理解」に焦点が当てられるようになった．したがって，日本における異文化理解教育は 20 年前から本格的に実施されてきたと言えるだろう．国際理解教育と異文化理解教育は，日本では英語教育の枠組みで実施されてきたが，両者の違いについて，安達（2006）では表 1 のようにまとめている．

表 1　国際理解教育と異文化理解教育の違い

	主体	対象	目的	キーワード	指導上の留意点
国際理解	国民	国家 または 世界の国々	外国との親交を深める 日本の国際的地位の確立 外交政策について考える	平和， 交流	ある国の表面的 理解のみにより ステレオタイプ 助長の恐れ
異文化理解	個々の人々	異文化を 背景に持つ 人々	異文化を知る 異文化の人々を理解する 異文化の人々とのコミュニケーション力の向上	共生 相互理解	異文化の選択が 偏らないように 注意する

ところで，異文化を理解する，とはどういうことなのか．まずその前に「文化」の定義についてであるが，Bennett（1998: 3–4）によれば，文化には大文字の“C”の Culture と小文字の“c”の culture があり，前者は芸，文学，クラッシク音楽，ダンスなどの習慣化されて行動が特定の形式になったものであり，「客観的文化」とも言われている．つまり茶道・華道や相撲などの目に見える表層的な文化である．一方後者は文化の明らかでない要素を表し，「主観的文化」とも言われるもので，あるグループの人々の日常的な考えや行動などを特徴づける心理的な特性と呼ばれている．つまり人々の価値観やそれに基づく行動様式などの隠れた文化である．このように文化には，目に見える客観的文化と見えない主観的文化があり，この違いについては，前者を海面上に出た氷山，後者を海面下にあると例えた文化の「氷山モデル」[2]が知られている．

日本においても，従来は「クリスマス」「民族衣装」「地域の料理」など，ある国についての大文字の“C”の「客観的文化」を紹介する国際理解教育が多かった．その理由として小文字の“c”の「主観的文化」は，指導材料の用意やどのように指導・評価するかが難しく，実践例も少ないからであろう．しかしながら，異文化間のコミュニケーションで，課題や摩擦が生じる

[2] 文化の氷山モデルとは石井他（2013: 18）では，Eagle and Carter（1998）によるものとしている．

事例の多くは，見えない（＝小文字の“c”）文化の相違から引き起こされることが多い（久米・長谷川 2007，八代・世良 2010）．例えば，アメリカ人は何でもはっきり言ったほうがよいという思い込みで個々人に対する調整をしなかったり，男女間や世代間の考え方の違いによりセクハラ騒動に発展したり，表情や接触習慣の違いによって誤解や摩擦が生じることは異文化間のコミュニケーションでは頻繁に起こる．しかし，一般に外国語の授業では表層文化に関する知識に留まる事が多く，例えば中学校の英語の教科書での異文化の取り扱い方を分析した中山・栗原（2015）によると，下位文化（ある集団に特有の文化）は少ないこと，英語圏の文化が多い傾向も指摘されてる．

ところで「異文化理解教育」や「国際理解教育」の他にも類似の用語として，安達（2006）では，異文化接触における文化双方をより包括的に捉える「異文化間教育」，多民族国家アメリカで発展した平等な学習機会をもつための「多文化教育」を紹介している．その他，グローバル教育，開発教育，平和教育，地球市民教育などの類語もある．いずれにせよこれらの用語の根底にあるのは，社会において異文化の人々との「相互理解」が重要という概念である．異文化間コミュニケーションと和訳された元の英語も，“intercultural communication”と“cross-cultural communication”の 2 つがあるが，安達（2006）では，異文化理解は相手の文化の表面的な理解に留まらず，自らの文化規範から離れ，相手と関わりながら考えを分かち合う姿勢になることと考えられるため，異文化をより深く理解するために，異文化の相手との関係を個人間で考える intercultural なコミュニケーション研究がより重要になる，と述べている．

3.2.　異文化間教育と異文化間コミュニケーション能力

異文化間接触が国内外で増大するこれからの時代においては，一方が相手を理解するのではなく，お互いの文化を理解・尊重するより相互的なアプローチが求められよう．そのため異文化理解教育では，(1) 客観的文化だけでなく見えない文化も対象とし，(2) 下位文化なども含めてステレオタイプに陥らない異文化理解を目指し，(3) 一方的に文化を学ぶだけではなく相互理解のスタンスに立つことが必要になる．異文化間の相互コミュニケーションが一層増えていく時代においては，異文化の相手との意思疎通や，異文化間接触に関する諸問題に取り組む異文化間教育がより重要になっていくだろう．

異文化間教育に関して，欧州評議会においても明記されているように異文化間でのコミュニケーションにおける総合的な力として「異文化間コミュニケーション能力：ICC（Intercultural communicative competence）」が注目されている．これは，Byram（1987: 33–38）によれば，態度 attitudes（自己と他者を客観的に見ることができる，好奇心やオープンネスをもつ），知識 knowledge（自分や相手の国の文化や相互交流についての知識），2 つの技能 skills（解釈・関係性を見出す技能と発見・相互交渉する技能）の 4 要素と education（クリティカルな文化意識や政治教育）から構成されている．外国語を使用する前提には，異なる文化の相手と対話がある．異文化の相手とのコミュニケーションを円滑にするためにも教員は生徒が ICC を獲得できるように支援することが求められる．

一方，Deardorff（2006: 253）では，高等教育機関における国際化に向けた取り組みの結果として学生の異文化間能力（Intercultural competence）[3] について言及しているが，これは多様な定義があり定義が困難な理由として，この能力はある一時期に測定できるものではなく，時間をかけて検討すべきものとしている．そして Deardorff（2006: 256）が提案する異文化間能力のプロセスモデルでは，開始点を態度として，知識，内的結果，外的結果の 4 要素を経緯して循環し変化しながら能力が獲得されている様子を表している．また Byram（1987: 32–38）でも，知識と態度要因は前提条件になっており（これらは異文化間コミュニケーションの実践過程で修正されるが），特に関係性の維持に態度要因は重要で，相互交渉の際に解釈・関係性を見出す技能，次に発見・相互交渉する技能技能が使用されるようになり，

[3] なお Byram, Golubeva, Hui and Wagner（2016: xix-xxi）によると，Intercultural competence は同じ言語を話す人々（例：アメリカ人とオーストラリア人）の仲介者に必要な異文化間能力であり，一方 Intercultural communicative competence は異なる言葉を話す者同士の調停に必要としている．同じ言葉であっても仲介者にはきめの細かい対応が必要になる．

この 4 つは経験を通して習得されていく，としている．

したがって，以上から総合すると，ICC は発生する状況や時代や本人の成長によって変化するものであり，特に外国語学習初期段階ではこの能力の前提となる，態度をどのように育成するかが鍵となる．例えばバイラム (2015: 85) でも，「他の文化に対する開放性と好奇心に満ちた態度は，小学校において扱うほうが，それ以降よりも導入しやすい」と述べるように，子どもは異文化に対しても適応力・受容力を育てやすい．また異文化間コミュニケーションには非言語コミュニケーションも含まれるように (Byram 1987: 47–49)，言語能力があればコミュニケーションが必ずしもうまく行くものではない．外国語教育においても，まずは異文化の相手に対してオープンネスや関係性を持とうとする態度を異文化間教育によって育成し，外国語や異文化に対する意欲や関心を学習意欲に繋げていくことが重要だろう．

3.3. 多文化共生につながる異文化間教育

Byram (1987) では，前述したように ICC（異文化間コミュニケーション能力）の構成要素として education（クリティカルな文化意識や政治教育）を含めているが，この背景には「(外国語教育の目的は)「自己」と「他者」をより高い認識をもって理解し，「他者性」との望ましい関係を築けるよう，より洗練された情意的能力を身につけさせること」(バイラム 2015: 147) がある．バイラム (2015: 184–187) によると，ICC の育成では国語・外国語教育と政治教育が関連づけられる．言語教育の到達目標では，多文化の人々と共生する機会を進んで得ようとすることが重要になっている．また，政治教育／民主主義教育の重要な点は，教育によって普遍的権利を認識し民主主義の原則を信頼することなどである．つまり他者とのより良い関係を作るには，自己の価値観やイデオロギーが文化的に決定されるということをクリティカルに意識し，問い直しや熟考することが求められる．そうでないと，例えば自己の価値観を絶対視してしまうと，特に異文化の他者に対し攻撃的になったり，排除したりすることが起こり得る．言語教育と政治教育／民主主義教育は，相補的な役割をしており，例えば共通する方向を目指して他者と対等の立場で相互文化的交流を実践することで，相互文化的市民性

(intercultural citizenship) を育成することもできる．ICC 育成のためにもクリティカルな文化意識を育成する education が必要となろう．

何度も戦禍をくぐり抜けてきたヨーロッパにおいて，欧州評議会が多様性を促進するため，複言語・複文化主義を理念とするのは当然と言えよう．欧州評議会では，国境を越えてヨーロッパ市民としてのアイデンティティを高めて他者と「共に生きる」ことを重視しており，複言語主義はシティズンシップ（特定の国家に属する国民ではなく，政治参加意識をもった市民）形成のための基本理念として，ヨーロッパの形成には不可欠になっている（福島 2015）．一方，日本では，島国という地理的条件や鎖国という歴史経験があるためか，国民としての意識が強い傾向がある．しかし，急激な人口減少・高齢化社会に向け，移民受け入れ[4]など異文化の人々と接し・共存する機会は増えつつある．

これまで述べてきたように，従来の異文化理解教育では主に西欧の代表的な国の，しかも表層文化を理解することが多いという特徴があった．しかし，異文化の他者とのコミュニケーションを前提とした ICC 育成には，英語母語話者文化を表面的に扱うだけでは不十分である．多様な文化について学ぶ機会はないままスキル中心の外国語教育を実践すると，バイラム（2015: 80）が指摘するように「子どもたちが自分の言語と外国語の関係を単純なものと思いこみ，（中略）学校教育における外国語学習の基本的な特徴であるはずの他者性の体験を持つことができ」ず，ICC は育成されない．2.3 節で述べたように国内の外国人のほとんどがアジア系であることを踏まえれば，日本における ICC 育成にはアジア諸国の文化学習や見えない文化も取り入れる必要があろう．多文化共生社会を形成するためにも，他者への理解・尊重につながり，民主主義意識をも育成する ICC の育成は，日本においても一層必要となるだろう．

---

[4] 2019 年 4 月 1 日，外国人労働者の受け入れを拡大する改正出入国管理法が施行され，政府は，実質的に単純労働者の領域（農業，介護，建設などの複数の業種）を拡大した．これによって，外国人労働者の約 35 万人の受入拡大を認める方針を示した．

4. 異文化間コミュニケーション能力 (ICC) の育成に向けて

4.1. 実践例から考える異文化間教育

ICC を育成するための異文化間教育の実践例としては，多言語への関心を高めることを目的とした活動として，吉村（2015）の多様な言語に関する知識と技能の育成が挙げられる．また，多言語というより言語そのものに対する意識を高める活動として，横須賀学院小学校で実践されている My name project（阿部・安達・中山・栗原 2018）を紹介したい．これは「自分の名前を世界の人に紹介する」ことを目的とし，タルタリアンタブレット[5]の解読などを通して文字の原点を考え，自分の名前の意味を知り，世界の多様な言語で自分の名前を表現し，世界の友だちに名前を紹介するプロジェクトである．児童は，言葉とは何か？ 絵とどう異なるのか？ どんな言語があるのか？ などの教師からの問いかけについて考えることで「なぜ私たちは外国語を学ぶ必要があるのか」を自然に理解するようになる．またクレオパトラなどの古代文字の解読を通して，文字というものは，自分以外の他者に伝えたい何かがある時や情報を共有したい時，何等かのルールにしたがった記号（文字）というものがあれば，見知らぬ文字でも，遥かな時を超えても，理解が可能となることも体験を通して理解していく．そのような経験は，児童に「言語」や「外国語」というものに対する壮大な魅力と関心と探求心を掻き立てる．

加えて，同小学校では，このような活動をグループで考えること，さらに文字にまつわるオリジナルストーリーを考えることや，多様な文字の名前などをお互いに共有し合う実践もしており，このような活動によって，協同性，創造性，異文化理解の育成にもつなげている．多様な言語への関心を高め，文字の重要性と名前の大切さを学ぶことによって，自己肯定感や 1 人 1 人が大切な存在であること，コミュニケーションの道具としての文字の認

[5] タルタリアンタブレットとは 1961 年ルーマニアでのタルタリア（Tărtăria）村で発見された紀元前 4000 年以前のものと測定された 3 枚のタブレット．刻印が石の片側だけ刻まれ，印は何を表しているのかわからないものもあるが，絵文字ではないかと考えられている．

識，グループで議論し考えることの重要性，そして学び自体の楽しみを得られている．このような活動こそが，異文化間コミュニケーション能力の基盤を作るには不可欠であろう．

4.2.　CLIL とは

CLIL (Content and Language Integrated Learning) とは，ヨーロッパで 1980 年代頃より広まってきた，内容言語統合型学習法で，他教科学習を通して外国語も学ぶアプローチである．単に知識を与える教授法ではなく，生徒が能動的に考えたり，グループで話しあったりすることを重視し，加えて 1 つのテーマについて体系的に多様な指導方法（絵を描く，歌を歌う，身体で表現する，グループで課題に取り組む，寸劇をする）を用いて自然に外国語に親しむことが可能となる．また 1 つのテーマを基に複数回の授業をプロジェクト型で実施する場合も多い．この実践については次の 7 章において詳しく紹介されているので参照されたい．

CLIL が CBLT (Content-based Language Teaching: 内容を重視した言語指導) と異なる点は，4 つの "C" (Content, Communication, Cognition, Culture/Community) の構成要素を重視する（渡部・池田・和泉 2011）点にある．Content は教科内容で，Communication は言語，Cognition は思考，Culture/Community は異文化理解や協学を指す．さらに優れた実践には以下のような 8 つの "C" を含んだ特徴があると考えられる．①教科横断的な内容を含むタスクを与え，生徒に考える場や気づきを与え Cognition を高める，②オーセンティックな材料を使い，タスクを遂行しながら Content に関する表現を繰り返し使う経験を通して，自然に Communication の力も育成する，③アウトプットには言語だけでなく作品・劇・歌など多様な表現方法を用いて Creativity を養う，④協同学習を取り入れて学習者 Community を重視する，⑤協同作業ではお互いの異なった意見を受け入れ，異なった Culture や他者への尊重意識を育成しつつ従来の考えに対する Critical thinking も育てる，⑥進んで協力して自らの役割に責任を持ち，仲間と課題を解決することの重要性を学び，市民性 Citizenship の育成につなげる．

このように CLIL の本質は英語力に限らず，総合的なコミュニケーション能力，社会文化的能力など，人間としての生きる力を育てることにあると言える．これは次期学習指導要領で育成すべきとされている 3 つの資質のうちの②思考力，③協調性や人間性等が重視されていることと一致し，外国語のスキル重視では育成できない幅広い力を育成する学習法と言える．Coyle, Hood and Marsh（2010: 39, 54）では，CLIL の“4 つの C”の“culture”をまとめると，自己や他者についての意識（awareness），アイデンティティ，市民性，複文化理解の促進となるとし，学習者に世界や異文化へ（導くため）の扉を開けると述べている．また CLIL は，移民の児童の教育の補償や支援も重視している（Coyle, Hood and Marsh 2010: 7）．日本においても外国籍児童が増加している現在，Taronna（2012）が示すように外国籍児童の言語に焦点を当てた異文化間能力の育成についても考えていくべきであろう．異文化に対するレディネスや市民性をも育成する CLIL の理念は，小学校での ICC の育成に大きな可能性を秘めており，今後 CLIL 実践を通して ICC を育成することはますます重要になる．言語能力だけではなく，他者への意識や市民性を育成することが外国語学習でも求められよう．

4.3. 異文化の人々との相互理解のための外国語教育を目指して

異文化間のコミュニケーションでは，当然ながら英語ができれば摩擦が起きないわけではない．日本のような日常的に外国語に接しない環境においては，一般的には外国人と話す機会に乏しい上，異文化の相手の価値観や考え方を十分理解するのは難しい．またたとえ国内の外国人の文化を理解しようとしても，多様な国から来日する外国人すべての文化や慣習を理解することは無理な面もある．よって，まずは多様な異文化に対する受容性や適応力を高めることが重要となろう．また異文化との違いを理解することは，自文化を客観視し，自分をよりよく理解することにもつながり，さらに異文化の他者との相互理解・尊重につながる．それは人間としての基本的かつ不可欠な力であり，それがなければ外国人とのコミュニケーションも成立しなくなる．特に外国語学習の初期においては，言語力よりも重視すべきものなのである．

異文化理解教育は，英語教育の補助学習と考えられがちであるが，外国語学習初期段階において，文字や外国語を学ぶ意味について自ら理解・納得し，外国語学習の意義や楽しさを実感することは，動機づけにもつながる．その上で，多様な人々と協力し異なる価値観を相互に理解・受容し，異文化の他者とも共生できる社会を構築しようとする態度を育成することが，これからの外国語教育では求められよう．なぜなら国境を超えて異文化接触がますます増大するグローバル社会では，国民・国家に捉われない異文化の他者と理解し合い，協力することを外国語学習の目的とせざるを得ないからである．これからの外国語教育においては，他者と共に社会を作ろうとする市民性と ICC の育成を日本の外国語教育でも推進すべきであろう．

参考文献

安達理恵（2006）「日本人の異文化受容態度に関する実証的事例研究」名古屋大学大学院国際開発研究科，博士論文．

安達理恵・牧野眞貴（2015）「英語が苦手な学習者の質的・量的原因調査」『言語教育エキスポ 2015 予稿集』，112–113. <http://www.waseda.jp/assoc-jacetenedu/publication_archives_j.htm>

阿部志乃・安達理恵・中山夏恵・栗原文子（2018）「言語と異文化への関心を高める小学校外国語教育」『言語教育エキスポ 2018 予稿集』，36–37.

安達理恵・阿部志乃・北野ゆき（2018）「児童の動機づけと異文化間交流プロジェクト」愛知大学語学教育研究室『言語と文化』39 号，83–97.

安達理恵・阿部志乃・北野ゆき・諸木宏子（2019）「自立学習から世界の問題に繋げるチョコレート・プロジェクト」JACET 教育問題研究会『言語教師教育 Vol. 6』1，129–143.

アルク教育総合研究所（2015）「日本人の仕事現場における英語使用実態調査」『アルク英語教育実態レポート Vol. 3』<https://www.alc.co.jp/company/report/pdf/alc_report_20150317.pdf>

Bennett, Milton J.（1998）*Basic Concepts of Intercultural Communication*, Intercultural Press, Yarmouth.

ベネッセ教育総合研究所（2014）『中高生の英語学習に関する実態調査』<https://berd.benesse.jp/global/research/detail1.php?id=4356>

Byram, Michael（1987）*Teaching and Assessing Intercultural Communicative Competence*, Multilingual Matters Ltd, Clevedon.

バイラム，マイケル，細川英雄（監修），山田悦子・古村由美子（訳）（2015）『相互文

化的能力を育む外国語教育』大修館書店，東京．［原著：Byram, M. (2008) *From Foreign Language Education to Education for Intercultural Citizenship: Essays and Reflections*, Multilingual Matters, Bristol.］

Byram, Michael, Irina Golubeva, Han Hui and Manuela Wagner (2016) *From Principles to Practice in Education for Intercultural Citizenship* (Languages for Intercultural Communication and Education), Multilingual Matters, Bristol.

Coyle, Do, Philip Hood and David Marsh (2010) *CLIL: Content and Language Integrated Learning*, Cambridge University Press, Cambridge.

Deci, Edward L. and Richard M. Ryan (2000) *Handbook of Self-Determination Research*, University of Rochester Press, Rochester, NY.

Deardorff, Daria K. (2006) "The Identification and Assessment of Intercultural Competence," *Journal of Studies in International Education* 10, 241–266.

江利川春雄 (2013)『英語教育，迫り来る破綻』ひつじ書房，東京．

福島青史 (2015)「「共に生きる」社会形成とその教育」『異文化間教育とは何か』，西山教行・細川英雄・大木充 (編)，くろしお出版，東京．

外務省 (2017)『海外在留邦人数調査統計　平成 29 年要約版』<http://www.mofa.go.jp/mofaj/files/000260884.pdf>

法務省 (2018)『平成 29 年末現在における在留外国人数について (確定値)』<http://www.moj.go.jp/nyuukokukanri/kouhou/nyuukokukanri04_00073.html>

jEARN (2017)『ジェイアーン「グローバルプロジェクト推進機構」』<http://www.jearn.jp/japan/>

石井敏・久米昭元・長谷川典子・桜木俊行・石黒武人 (2013)『はじめて学ぶ異文化コミュニケーション 多文化共生と平和構築に向けて』有斐閣，東京．

Jenkins, Jennifier (2009) *World Englishes*, Routledge, London.

国立教育政策研究所 (2017)『OECD 生徒の学習到達度調査「PISA 2015 年協同問題解決能力調査 ― 国際結果の概要 ―」』<http://www.nier.go.jp/kokusai/pisa/pdf/pisa2015cps_20171121_report.pdf>

Kachru, Braj. B. (1992) *The Other Tongue*, University of Illinois, Urbana.

経済産業省 (2018)『第 47 回 海外事業活動基本調査概要』(2016 年度実績 2017 年 7 月 1 日調査) <http://www.meti.go.jp/statistics/tyo/kaigaizi/result/result_47/pdf/h2c47kaku1.pdf>

久米昭元・長谷川典子 (2007)『ケースで学ぶ異文化コミュニケーション ― 誤解・失敗・すれ違い』有斐閣，東京．

文部科学省 (1996)『21 世紀を展望した我が国の教育の在り方について (中央教育審議会 第一次答申) 第 3 部国際化，情報化，科学技術の発展等社会の変化に対応する教育の在り方　第 2 章国際化と教育』<http://www.mext.go.jp/b_menu/shingi/old_chukyo/old_chukyo_index/toushin/attach/1309613.htm>

文部科学省 (2014)『今後の英語教育の改善・充実方策について グローバル化に対応

した英語教育改革の 5 つの提言』<http://www.mext.go.jp/b_menu/shingi/chousa/shotou/102/houkoku/attach/1352464.htm>

文部科学省（2017）『小学校学習指導要領（平成 29 年告示）』<http://www.mext.go.jp/component/a_menu/education/micro_detail/__icsFiles/afieldfile/2018/09/05/1384661_4_3_2.pdf>

中山夏恵・栗原文子（2015）「中学校英語検定教科書に見られる異文化間コミュニケーション能力 ― 言語と文化の複元的アプローチのための参照枠を用いた分析を通して ― 」JACET 問題教育研究会会誌『言語教師教育』第 2 巻 1 号，41–58.

日本政府観光局（2018）『日本の観光統計データ「訪日外客数」』<https://www.jnto.go.jp/jpn/statistics/since2003_visitor_arrivals.pdf>

OECD (2018) "Preparing our youth for an inclusive and sustainable world" <http://www.oecd.org/pisa/aboutpisa/Global-competency-for-an-inclusive-world.pdf>

佐藤奈津子（2009）「韓国と日本の大学生の英語学習動機と学習行動」『日本実用英語学会論叢』，15 号，13–20. <https://www.jstage.jst.go.jp/article/japeronso/2009/15/2009_15_13/_pdf>

シャンク，ディル・H.，バリー・J. ジマーマン，塚野州一（編訳），中谷素之他（訳）(2009)『自己調整学習と動機づけ』北大路書房，京都.［原著：Schunk, Dale H. and Barry Zimmerman (2008) *Motivation and Self-regulated Learning*, Taylor & Francis, London.］

Taronna, Annarita (2012) "Prospective Primary English Teacher's Training: Developing Intercultural Competence through Multiethnic Children's Literature," *New Trends in Early Foreign Language Learning*, ed. by Maria Gonzalez Davies and Annarita Taronna, 157–170, Cambridge Scholar Publishing, Newcastle-upon-Tyne.

渡部良典・池田真・和泉伸一（2011）『CLIL 内容言語統合型学習　第 1 巻 原理と方法』上智大学出版，東京.

八代京子・世良時子（2010）『日本語教師のための異文化理解とコミュニケーションスキル』三修社，東京.

吉村雅人（2015）「小学校における国際理解教育としての外国語活動の可能性」西山教行・大木充『世界と日本の小学校の英語教育 ― 早期外国語教育は必要か』明石書店，東京.

第 12 章

異文化理解の実践

山野有紀・坂本ひとみ
（宇都宮大学・東洋学園大学）

1. はじめに―異文化理解教育実践の意義―

英語を学ぶことは，もはや「英語を母語とする人々」とのコミュニケーションのみを意味することではない．それは多様な文化を尊重し，世界中の人々と共生していくための学びに繋がる．その学びを必要とする地球規模的課題や紛争問題は，決して対岸の火事ではない．2011 年の大震災において壊滅的な被害を受け，多くの命を失った悲しみの中で復興を目指す日本に，世界から支援や励ましのメッセージが届く一方，2017 年 8 月早朝，北関東・東北・北海道地方では聞いたことのない携帯のアラーム音とともに「ミサイル発射」による警戒が示された．現在も混迷を極める世界情勢の中にあって，世界の人々との共生と協働はますます重要なものとなり，そのためには，多様な文化と出会い，その価値を尊重する姿勢・知識・技能の育成が必要となる．本章では，小学校段階において，それらの基盤となる異文化理解教育を外国語授業の中で，どのように実践していくかについて，以下に紹介していく．

特に本実践編においては，前章の理論編で解説された異文化間コミュニケーション能力の育成と，CLIL の 4 つの C（内容・言語・思考・協学／文化）を取り入れ授業構成を行った小学校外国語授業について紹介する．具体的には，以下の 3 つの活動形態に分けて，紹介する．

(1) 教室で小学校の先生と児童で異文化理解の気づきを促す実践
(2) 教室で ALT の先生と児童で異文化理解を実際に体験する実践
(3) 教室の外の人々と繋がることで異文化理解を広げ深める実践

上記より，小学校外国語教育に携わる教員や各学校の特性をいかしながら，児童と，教室を基点とした異文化理解の学びをどのように始め，広げ，深めて実践していくかについて，具体的に示していきたい．そこで（1）では一時限分での授業展開について，（2）と（3）では，数時限分の実践授業について，それぞれ紹介する．

2. 教室で小学校の先生と児童でできる異文化理解実践

本章では公立小学校の外国語授業の中で，小学校の先生と児童とで行われた，異文化への気づきを促す小学校中学年における 2 つの実践を紹介する．これらの活動は，教室を基点とし，担任や専科教員の先生と児童とで実践可能な，外国語教育における異文化理解の出発点となるものである．

2.1. 「世界の人とこんにちは！ Let's say "Hello" to the world!」

人が人と出会う時，最初に交わされるのは挨拶である．世界の人々の挨拶を知ることは，世界の多様な言語と非言語コミュニケーションを含めた多文化に出会うことであり，異文化理解の原点にも繋がる．世界の挨拶についての学びは，小学校外国語教育のための補助教材 *Hi, Friends!* や新教材 *Let's Try!* や *We Can!* でも最初の学習として取りあげられている．

本実践は，上記の文科省の新教材（*Let's Try! 2* の Unit 1 "Hello, world"）のデジタル教材も活用し，栃木県日光市の公立小学校で 4 年生を対象に行われた，宮田一士先生による実践である．宮田先生は，ドイツの日本人学校での教員経験があり，ご自身も異文化経験が豊富である．

本活動の目的は，外国語の授業を始めるにあたって，世界の挨拶について，体験的に学び，社会科の「世界の国々」の学習とも結びつけながら，学びを深め，世界にはたくさんの豊かな言語や文化があることへの興味を引き出しながら，これから始まる外国語学習への動機づけを高めることである．
　授業の展開は以下のとおりである．

　① まずは，先生が世界の国の挨拶を 1 つ選び，児童に実際にしてみる．その言葉とジェスチャーが何を意味しているのか，児童に推測させる．引き続き，世界の国々の挨拶の言葉とジェスチャーを，児童を巻き込みつつ，実際に体験させながら紹介し，何をしているのかの推測を促す．紹介の際には，挨拶の言葉とジェスチャーの写真と国旗が載っている世界の挨拶カードと，文科省の新教材（*Let's Try! 2* の Unit 1 “Hello, world”）のデジタル教材などを使い，音声だけではなく，非言語コミュニケーションと視覚補助教材も使って，多感覚でのインプットと児童の推測を促すやり取りを意識する．
　② 児童から「あいさつ！」という言葉がでたら “Greeting? You are right! Great! Today, let's enjoy world greetings together!” と本時のめあてを明らかにする．
　③ 紹介した多様な国の挨拶を，児童同士で隣の人とペアで体験させる．
　④ 挨拶カードを，世界地図を使って，”Where is this?”と児童に問いかけ，各国の位置を確認し，世界の挨拶についての学びを共有および可視化する．
　⑤ 挨拶カード（児童の活動用には，多様な言語と文字があるため，挨拶の言語の横にカタカナを入れておく）をクラスの人数分コピーして用意し，一人一枚ずつ手渡す．
　⑥ 児童は自分のカードにある言語と動作で，クラス全体でできる限り多くの人と，世界の国々の「こんにちは」の挨拶体験をする．その際，必ず，自分のカードにある国の挨拶をするように指示する．これには，自分の国と同じカードを持つ人とは円滑に挨拶できるが，そうでない場合のコミュニケーションブレイクダウン，すなわち母語や文化が異なる相手との言語及び非言語による表現の不理解から起こるコミュニケーションの停滞状態を，体験させる意図がある．
　⑦ 活動の振り返りとして，世界の国々の挨拶を学ぶ中で，児童が感じた

ことを全員でシェアし，授業は終了となった．

この授業では，宮田先生はご自身のドイツでの経験を授業に活かし，ドイツ語やドイツでの挨拶の仕方，さらにドイツで使われている世界地図を使って，世界のさまざまな挨拶を紹介した．ブラジルのキスを交わす挨拶や，額と鼻の頭を突き合わせるニュージーランドのマオリ族の挨拶を紹介した際には，児童から「うわ～！」と驚きの声があがった（これらの挨拶は児童の実際の活動では，教育配慮からその挨拶のふりをすることとした）．④の世界の様々な挨拶を国ごとに分類する際には，ドイツの世界地図を提示し "Where is Japan?" と問いかけた．そこで小学校社会科で使う世界地図と比較させながら，児童の気づきを促し，世界の地図では日本の位置が極東に示されることが多いことを述べた（本時では宮田先生所有のドイツの世界地図と日本の社会科で使う学校にある世界地図を比較させたが，インターネット検索をすると世界のさまざまな地図が示されるので，そちらを使って④の活動ができる）．このように，児童は世界のさまざまな挨拶を通して，世界の国々の多様な言語と文化について興味を高める中で，世界の中の日本にも気づいていった．実際の活動では，児童は，片方がお辞儀や胸の前で手と手を合わせているときに，片方が握手のため手を差し伸べるなどのコミュニケーションブレイクダウンを「これ，困るねえ.」「同じ国の人だと楽なんだけどね.」と言いながら経験していった．これらはまさに，異文化理解への第一歩となる体験的学びであるといえるのではないだろうか．

授業後の児童の振り返りでは，世界の多様な挨拶と言語があることへの驚き，世界の言語や異文化をもっと知りたいという意見が述べられた．また授業後のアンケート調査においては，「外国語を学びたい」という外国語学習への意欲を問う選択式質問項目に対しての肯定的回答は 100%であり，「とてもそう思う」87%，「そう思う」13%という結果がでた．本実践は，前述したとおり，世界の言語と文化の多様性と豊かさに気づかせ，異文化への興味と，これから始まる外国語学習への動機づけを高めたいという目標があったが，児童の振り返りとアンケート結果はその学びを促したことを示している．

2.2. 「世界のいろいろな色を知ろう！—Colors around the world—」

色は世界の多様性を象徴するものの 1 つである．救急車の色，冠婚葬祭で使う色など，その国々や文化によりそれぞれ異なる．さらに言えば，はだ色とは何色か．日本で教育を受けた 30 代以降の多くの読者にとっては，その名称と色は，すぐに頭に浮かぶなじみ深いものではないだろうか．しかし現在，日本の工業製品に関する規格や測定法などが定められた日本の国家規格である JIS（Japanese Industrial Standards：日本工業規格）が定める色に「はだ色」は残ってはいるが，実際の製品においては「ペールオレンジ」「うすだいだい」と変更され，色鉛筆は平成 12 年，クレヨンと絵の具は平成 19 年から「はだ色」という色は消えてなくなっている（日本放送協会 2018）．その一方で，イタリアの文具メーカーからは 12 色のはだ色鉛筆「GIOTTO—skin tones」が，販売されている．

本実践は，宇都宮市の公立小学校での 3 年生を対象とした，野口綾子先生による「世界のさまざまな色」についての実践である．野口先生は，それまでの小学校教諭の経験をいかしながら，2018 年度より英語専科教員として，小学校外国語教育に携わっている．具体的には，“How many” を使った数の学びの後，好きな色についてやり取りする一単元の中で行われた一時限分の授業である．色を通して，世界のさまざまな国々や人々の違いに意識を向け，その違いを尊重しあう大切さに気づいていくことを目的として実践されたものである．

授業の展開は以下のとおりである．

① 本時の前までに学習した色に関する語彙の復習をかねて，先生が世界の国の様々な救急車の写真を 4 枚提示し，“What color is this?” と色を尋ねる．次に，児童にその写真を指差しながら，“What is this?” と尋ね，それが何かを推測させる．答えが出ない場合は “I'm sick. Help me! Hospital.” などジェスチャーや写真を使って，3 ヒントゲーム形式で，ヒントを与えて児童の推測を促す（最後に日本の救急車の写真を出しても良い）．

② 児童から「救急車！」という言葉がでたら “You are right! They are all ambulances. But the colors are all different. How many colors? Let's count together! Today's theme is 'Colors around the world'." と本時のめあてを明らかにする．

③ 先生が着ているはだ色のシャツを指差しながら，"What color is this?" と尋ね，児童の考えを引き出す．

④ 次に 12 色の skin tone colored pencils を取り出して一本一本見せ，36 色のはだ色を示したシートを見せたりしながら，"What color is this?" と問いかけ，児童の推測を促す．

⑤ 世界のさまざまな人々のはだ色を表す写真（インターネット検索すると，はだ色のグラデーションを示すさまざまな写真がある．ここでは，腕の色でそのグラデーションを示す写真を選んだ）を見せ "They are all skin colors." と④がはだの色を表す多様な色であることに気づかせる．

⑥ ④をもとに，"What color is your skin?" と問いかけ，自分のはだ色に一番近い色を選ばせる．

⑦ "How many skin colors (do we have) in our class?" と問いかけ，クラスの中でも，色の白い子や運動が好きで日に焼けている子など，さまざまなはだの色があることに気づかせる．

⑧ 最後に "How about the world?" と問いかけ，世界のさまざまな国々の子どもたちが，自分の好きなものをそれぞれの言語で表現し，笑顔でうつっている写真を見せながら，児童の意見を引き出す．

⑨ 最後に授業の振り返りを行い，"We are all different and we are all good." と語りかけ，授業を終了する．

本実践を通して，児童は，英語での色の学びを，世界の救急車の色に関する新しい知識と繋げながら，はだ色に対する固定観念から脱却し，世界の人々の多様性に気づいていった．実際，救急車の色が，世界では黄色や青色，緑色など，日本と異なることを知ると，児童たちは「全然違う！」と驚いていた．次に，先生がはだ色のシャツを示しながら "What color is this?" と尋ねた際には，児童からは「はだ色！」と答えが出た．先生がその発言を受けて，"Skin color? Do you have a skin color in your colored pencils? Please show me." と問いかけると，全員が自分の色鉛筆やクレヨンから

「ペールオレンジ」もしくは「うすだいだい」とよばれる同じ色を「はだ色」として選び，先生に見せた．すると先生は “Really? What is this?” とさらに尋ね，12 色のはだ色鉛筆や 36 色のはだ色シートを提示し，児童のはだ色に関する既存の考え方を揺さぶっていった．児童はそれが何を表しているのか考えるが，答えは出てこない．そこで，先生が事前に用意した世界のさまざまな国の人々のいろいろなはだ色の腕の写真をみせると，ハッとした様子で，「はだ色？！」と呟く児童がいた．その発話を受け，先生が “Yes, they are all skin colors. How about your skin color?” と問いかけ，36 色のはだ色シートを配布した．児童はその中から自分のはだの色に一番近い番号の色を選び，クラスの中でもさまざまなはだの色があることに気づいていった．最後の，授業の振り返りでは，「はだ色がたくさんあるって知りました」「いろいろちがうから，おもしろいなと思いました」という意見が出た．それを受けて，先生は「国語」で出てくる金子みすゞの詩にある一節，「みんなちがって，みんないい」を英語にして “We are all different and we are all good.” と語りかけ，授業を終了した．

本時の授業の児童の記述による授業の振り返りからは，色を通して，世界の国々や人々との違いに気づいたことが多く述べられ，さらにその違いを認め合う，以下のような記述がみられた (3 年生児童の文をそのまま引用)．

・いろいろな色がありました．国によって，いろいろ．だから，いろんな色がありました．いろいろなせかいの人がいて，みんなちがって，みんなのこせいが広がって，ステキだと思いました．
・わたしがおもったことは，今日えいぞうを見てそれぞれの国の手やかおが国によってちがかったです．わたしはこれをならうまえに，アメリカのお友だちにあって，ずっとどうして手やかおがちがうのか「どうしてかなぁ」「ふしぎだな」とおもいました．これからもえいごをおぼえたいとおもいました．

実際に，現在の日本の小学校にはさまざまな国にバックグランドを持つ児童が在籍している．その中で，お互いの違いに気づき尊重しあう姿勢を育む授業は，異文化理解教育の基盤となるものであり，これからの日本の外国語教育において，必須であると考える．

カルトン（2015, 堀訳 2015）は，異文化間教育の目的について，「異文化間教育は，学習者が異言語の言語文化面だけを習得するのではない．社会のステレオタイプについて考えることや，他者に対して自らを解放する，他者を尊重する，よそもの嫌いや人種差別に立ち向かうことも目的としている」（p. 11）と述べている．本章で紹介した，上記 2 つの授業は，世界の国々の挨拶を通して，ほかの文化に属する人と接する際には何が起こるか，色の学びを通して，他者と接する上での障害となりうる自民族中心の考え方に気づき，異なる見方を育むことを，小学校外国語教育の中でどのように実践していくかを提案するものである．

3.　教室で ALT の先生と児童で異文化理解を実際に体験する実践

本節では公立小学校の外国語科の授業で，小学校 6 学年児童を対象として異文化理解を体験することを目的とし行われた実践を紹介する．この活動は，教室で，ALT の先生の存在意義を最大限にいかして，児童が実際に異文化を持つ人と関わりながら，相互文化理解を促すことを目指したものである．

3.1.　「先生の町，私たちの町，ようこそ日光へ！—Please tell us about your town “Miami” & Welcome to “Nikko”—」

本実践は，前章でも紹介した栃木県日光市の公立小学校で 6 年生を対象に行われた，宮田先生によるものである．本実践の目標は，4 月から新しく赴任された ALT の先生の故郷 “Miami” について教えてもらい，先生のバックグランドを理解し，その紹介の御礼に，児童が故郷である日光について考え，ALT の先生に日光での生活を楽しんでもらえるように，日光のよいところを伝えるという，相互文化理解教育体験を目的とした授業である．本授業は，文科省外国語科教育のための補助教材 *We Can! 2* の Unit 2 “Welcome to Japan.” の 7 時間授業の後半 3 時間を使い，国語科 6 年生の「パンフレットをつくろう」という学びと，これまで児童が日光市について遠足，社会科見学，総合的学習などで学んできた学習を統合したものである．以下にその 3 時間の授業の流れを紹介する．

最初の授業では，ALT の先生が自分の故郷 “Miami” について，実際の写真を見せながら，以下のように紹介した．

> “My name is Carter. I’m from USA. My hometown is Miami. I like Miami very much. So I tell you about my town. Welcome to Miami! In Miami, we have Miami Beach. This is very big and beautiful. In Miami, we don’t have seasons. It’s hot every day. You can enjoy swimming all the year.”

先生はこの後 “We have ～ . You can enjoy ～ . It’s ～ .” の単元で学習する英語表現を繰り返し使いながら，マイアミの食文化，生息する動物，スポーツ，マイアミで開催されるお祭りの文化について，ジェスチャーも交えながら，表情豊かに児童に伝えてくれた．児童は身を乗り出しながら，先生の話に興味を持って聞いていた．実はこの ALT の先生の発表は，児童にとって，この後自分たちの町日光についての先生に伝える際のお手本ともなる．最後に，ALT の先生は，その紹介で使った写真をまとめて，お手製のオリジナルガイドブックとして児童にプレゼントしてくれた．児童は喜んで，歓声をあげていた．そこでその御礼に，自分たちの故郷「日光」について先生に紹介し，最後に ALT の先生にオリジナルガイドブックを作成しプレゼントすることとした．

次の授業では，児童が日光市の紹介したい場所，食べ物，動物，スポーツ，お祭りやイベントについて考え，紹介したいことを 1 つ選び，それぞれ日光市の 5 つの地区ごとにグループに分かれ，協同学習の中で，ワークシートを使って，それぞれの紹介文を考えた．これは次の授業の発表原稿にもなり，先生に渡すオリジナルガイドブックとなるものである．

最後の授業では，児童は作成したワークシートを使いながら，5 つの地区のグループごとに，ALT の先生に発表をしていった．ALT の先生は，児童一人一人の発表を，“Great! Really? Interesting!” など返答をしながら，大変興味を持って聞いていた．実は，ちょうどこの授業の後，ALT の先生の両親が，マイアミから初めて来日し，日光を観光することとなっていたのである．すべての発表が終わると，先生は，児童の発表とガイドブックに “Thank you very much! You and Nikko are wonderful!” と心からの感謝を述べた．

授業後の児童の記述式の振り返りから顕著だったのは，以下の 2 点である．一点目は海外に対する興味の高まりと，二点目は外国語学習における自己効力感である．前者は ALT の先生のふるさとである “Miami” に実際に行って先生の話してくれたいろいろなものを体験したいという多数の意見に，後者は自分の故郷日光を英語で紹介し，ALT の先生に喜んでもらえたことがとても嬉しい，やりがいがあったという多数の意見に表れている．

このように ALT の先生は，まさに異文化の窓口であり，その先生とお互いに交流することは，異文化理解の貴重な実体験となりうる．本活動は，身近にいる ALT の先生の存在を生かしたものであり，どの小学校でも実践可能である．その学びの機会を捉えるためには，上記のような，異文化間交流を考慮した，児童の学びと ALT の先生の日本の地域理解が深まるような互恵的な目標のもと，活動を設定するとよい．これまで児童が当たり前だと考えてきた日本の文化や慣習に対して，客観的考察を促し，協同学習によりそれぞれのグループ学習の部分知を全体知として統合しながら，成果を共有化・可視化できる，達成感のある創造的活動が望ましい．

最後に，本授業はアメリカ出身の英語母語話者の ALT の先生との異文化間交流であったが，本活動はぜひ英語を第二言語，もしくは外国語として習得し，日本の小学校外国語教育に携わっている ALT の先生方と実践することをお勧めしたい．事実，地方自治体が総務省，外務省，文部科学省などの協力の下に実施している JET プログラム（The Japan Exchange and Teaching Programme：語学指導などを行う外国青年招致事業）(2018) では，理論編で紹介された英語を母語とする Inner circle からの先生方だけでなく，英語を第二言語として習得したアフリカ諸国などからの Outer circle の国々や，日本と同じく英語を外国語として学んだ Expanding circle からの先生方も含めて，これまで世界 67 ヵ国から，66,000 人を超える ALT の先生方が日本全国に派遣されているとの報告がある．

それらの先生方との授業は，世界にはたくさんの豊かな言語や文化があることに気づかせ，外国語学習への動機づけを促す，まさに異文化理解教育を実現しうる貴重な機会となるといえよう．

4. 教室の外の人々と繋がることで異文化理解を広げ深める実践

学習指導要領における外国語活動，外国語科の目標は，「コミュニケーション能力の育成」とされているが，本章の理論編にも書かれている通り，グローバル化する現代社会において外国語教育がめざすべき方向は，「異文化間コミュニケーション能力の育成」ということになるであろう．それでは，日本人が外国語でコミュニケーションをするとき，だれを相手として何を伝えるのか．この点を明確にして授業を組み立てることは，小学校段階の外国語教育においても重要であり，異文化の人と外国語を用いて実際に交流できたという体験や喜びは，児童に外国語を学ぶ意義を実感させることとなり，その後の外国語学習を継続させる大いなる動機につながることと思われる．

実際，筆者（坂本）が外国語活動を通して国際交流を支援している福島の児童が中学に進み，国際交流活動を体験してこなかった他校の児童とともに外国語授業を受けることになったとき，前者の児童においてより高い学習意欲が見られるということが中学の英語教師により報告されている．

だれを相手として何を伝えるのかを明確にする授業案を作成するときに CLIL の 4 つの C（内容・言語・思考・協学／文化）を意識して考えていくことは実に有効である．CLIL はグローバル教育にも適した 21 世紀型の教育方法とされている（池田 2013）．以下に実践例をあげながら，CLIL について示していきたい．

4.1. 「福島・南相馬とトルコの子どもを結ぶ英語環境教育プロジェクト ―― CLIL によって Willingness to Communicate を高める試み ―― 」

このプロジェクトは，2011 年の東日本大震災後に届けられたトルコの子どもたちからの励ましの手紙をオーセンティックな英語教材として授業を組み立てたところからスタートした．世界の英語教師が無料で参加できるウェ

ブサイト “e-Pals”[1] に登録していた筆者（坂本）のもとにトルコの小学校の英語教師からメールが届き，彼女の生徒たちから，英語の激励メッセージに絵が添えられたカード 90 通余りが郵便で送られてきた．

2014 年 1 月から 2015 年 3 月までの期間に，筆者（坂本）ともう 1 名の共同研究者（滝沢麻由美氏）による 6 回の訪問授業が福島県南相馬市の公立小学校 6 年生 2 クラス 60 名を対象に実施された．第一回の授業は，2 時限連続で，トルコの子どもたちの紹介と英語によるトルコクイズ，励ましの手紙にある英語メッセージの学習，自分たちのふるさとや学校についてトルコの子どもたちに何を伝えたいかを考えてもらうことを内容とした．

第二回授業は，紹介したいトピックごとにグループになっている子どもたちが一人一言英語を発しながら，Show & Tell の形でビデオカメラに向かってプレゼンテーションをするという内容であった．研究者 2 名は，このビデオを届けるためにトルコの相手校を訪問し，6 年生クラスにおいて授業をした．

第三回授業は，そのビデオを熱心に見てくれたトルコの子どもたちの様子をまとめたビデオを見せることが中心であった．この授業後，Yashima (2002) に基づいて，「国際的志向性」と「第二言語によるコミュニケーションについての自信」という Willingness to Communicate (WTC) に関わる 2 つの点で質問紙調査を実施したところ，外国の文化に興味・関心があると答えた生徒は 83％であったが，英語コミュニケーションに関する自信の方は 35％しか肯定的な答えが得られなかった．自由記述欄を見ても，言語使用不安がかなり表れていた．

そこで，後半 3 回の実践授業は CLIL によって組み立て，学ぶ内容の理解を深め，考える力を伸ばし，英語でトルコの子どもたちに向けて地球市民として大事なメッセージを発信する必要性を理解させることにより，言語使用不安を克服することを目標とした．

学ぶ内容（Content）は，地球環境問題とした．相手校のトルコの子どもたちも同じ 6 年生であるが，彼らは 5 年生のときに，英語授業の中で地球

[1] www.epals.com/

環境問題について学ぶ“Greenglish”（Green＋English）というプロジェクトを行っており，これによってEUの言語教育の賞も受賞している．トルコの子どもたちは放射能についても学び，福島の子どもたちのことを心配してくれていた．一方，福島の6年生も「理科」の授業において，原子力発電をはじめ，エネルギーのことを学習しており，5年生のときの「総合的な学習の時間」には，校外学習として「南相馬ソーラー・アグリパーク」を訪れ，自然エネルギーについて体験的に学んでいた．また，6年生の「国語」の教科書にも「未来に生かす自然のエネルギー」という説明文が出ており，担任の教師もその授業には意欲的に取り組んでいた．さらに最後の英語環境宣言をするときに一人一人の児童が手に持って示すポスター作成には「図工」の時間を利用した．

CLILによる後半3回の授業終了後にとった質問紙調査の結果は，当初83%であった「異文化への興味・関心」が92%となり，「第二言語使用によるコミュニケーションについての自信」が35%から65%に上昇した．この点に関する自由記述としては，「これだけのこと（練習など）をやったから大丈夫」，「習った英語をもっと使ってみたい」，「少しだけど英語が話せるようになった」，「英語のポスターを作って発表したことで英語力がだんだん身についてきた」などの肯定的コメントが全体の半数以上に現れていた．一方，「まだ完璧じゃないので自信がない」「英語が苦手で話せない」という否定的なコメントも存在した．しかしながら，「第二言語使用によるコミュニケーションについての自信」が持てるようになった児童の割合がこれだけ上昇したことは画期的であり，CLILの授業案による国際交流プロジェクトの1つの有効性を示しているととらえてもいいのではないだろうか．

さらに，「“Let's go green!”を世界中の人に伝えたいです！」というある児童のコメントは，この英語表現がこの児童の頭と心の中にパーソナライズされて定着したことを示唆していると考えられる．この環境宣言の英語表現は，この児童が口頭で何度も練習してから発表に臨み，自作のポスターにも書いたものであるが，質問紙調査にこのように英語のままで書けていたという事実も，これから外国語活動が教科となり，文字の読み書きの指導も入ってくる今，注目に値する点であるといえるかもしれない．

この実践では，トルコの交流相手が実際にいるということで，児童の自由記述では Community/Culture に関するものが多く，「異文化への興味・関心」（国際的志向性）に寄与したとともに，「より深い地球市民意識の基礎となる‘生きた’異文化体験（‘living’ intercultural experiences）(Coyle et al. 2010)」の 1 つの入り口を提供することができたのではないだろうか．

4.2.「オリンピック・パラリンピックについて，そして前回開催国であるブラジルについて学ぼう！」

この実践は，2017 年 10 月，福島県須賀川市の公立小学校高学年 49 名を対象とし，筆者（坂本）の児童英語教育ゼミの学生でブラジルにおける 3 年間の生活体験を有する下村義和氏との共同作成の CLIL 授業案に基づいたものであり，ブラジルに関する授業実践者はその学生である．ねらいは，「オリンピック・パラリンピックが平和の祭典であることをトルコの子どもたちに伝え，前回開催国であるブラジルを取り上げ，地球市民教育としての英語活動を行い，児童の異文化への関心と環境への意識を，英語を通して高める」というものである．この授業の 4 つの C を意識しながら作成した CLIL 指導案の最初の部分をこの章の末尾に付した．

この学校は，福島県内で初めてパリのユネスコ本部からユネスコスクールに認定された小学校である．ユネスコスクールは，ユネスコ憲章に示されたユネスコの理念を実現するために，平和や国際的な連携を実践することをすべての教育の指針としており，文部科学省および日本ユネスコ国内委員会は，ユネスコスクールを「持続可能な開発のための教育（ESD: Education for Sustainable Development)」の推進拠点として位置づけている．ユネスコスクールの目的は大きく分けて 2 つあり，1 つ目は「ユネスコスクール・ネットワークの活用による世界中の学校と生徒間・教師間の交流を通じ，情報や体験を分かち合うこと」，2 つ目は「地球規模の諸問題に若者が対処できるような新しい教育内容や手法の開発，発展を目指すこと」である

先にあげた南相馬の小学校においては，東日本大震災後のプロジェクトとしてのトルコ交流であったが，こちらの学校においては，すでに環境教育や平和教育のための国際交流の素地ができており，そこに筆者（坂本）とゼミ

の学生が参加した形になる．今回の授業ではブラジルのアマゾン熱帯雨林の環境破壊が大事なポイントの1つであったが，この学校のビオトープで子どもたちがトンボの保護に努めていることが授業の直前にNHKの番組で報道されたこともあり，環境問題がうまく導入できた．

また，福島県の県営球場が2020年の東京オリンピック・パラリンピックの際，野球やソフトボールの会場となることにも触れ，このテーマが福島の子どもたちにも関連があることを示した．

まず初めに多様な人々の顔写真を見せて，ブラジルが多民族国家であることを示し，この国が日本にとって地球の裏側の南半球にあること，それでも，アマゾン熱帯雨林で作られた酸素はこの教室にも届いているかもしれないことなどを説明した．これらの説明は日本語 → 英語 → 日本語のサンドイッチ方式を使ったり，パワーポイントにバイリンガルで文字を書くことなどで子どもにもわかるようにした．また，この学生はポルトガル語も少しできるので，英語だけでなく，ポルトガル語の挨拶なども授業内容に含めたところ，児童がとても興味を示してくれた．ブラジルクイズのところはパワーポイントからの視覚情報も生かしつつ英語を多くインプットするようにした．また「音楽」との連携で，ブラジルのサンバのリズムを子どもたち全員でカスタネットを使って演奏してみることもした．

国際交流としては，本当はiEARN[2]という国際NPOを通してブラジルの子どもたちと交流することを予定していたのであるが，時間的な余裕がなく，いつも連携がとれているトルコの学校との交流となった．オリンピック・パラリンピックが平和の祭典であることを伝え，子ども一人一人の手形を緑の紙から切り抜いて葉っぱのカードを作り，そこに平和のメッセージを英語で書き，それを模造紙に貼り合わせて木に見立て，オリンピック・パラリンピックの五輪のシンボルをあしらったPeace Treeのポスターを作成し，写真に撮ってトルコの学校にメール添付で送った．平和のメッセージとしては，smile/love/family/friends/happyの5つから自分がもっとも大切だと

---

[2] iEARNに入会するためには日本支部であるJEARNへ連絡をする．日本語でも問い合わせできるメールアドレスはoffice@jearn.jp　JEARNホームページはhttp://www.jearn.jp/japan/index. html

思うものを手形のカードに書いてもらった.

後日，トルコからも子どもたちが作った同様の Peace Tree の写真が送られてきたので，それを大きくプリントアウトして，小学校の廊下に貼り出してもらった．トルコにおいては，クラスにシリア難民の子どもが数名入ってきており，トルコ語もうまく話せない中がんばっているということで，この子たちを励ますための Peace Tree 作成だったとのことである．そのことも福島の先生方から子どもたちに説明をしていただいた．いずれ，シリア難民の子どもたちについての CLIL 授業を行い，この子たちを元気づけるメッセージカードを福島からも送りたいものである.

授業後に児童に振り返りカードに記入をしてもらい，それを集計した結果は次の通りである．全体の人数は 49 名である.

問 1：　今日の授業は楽しかったですか？
→「とてもそう思う」47 人,「そう思う」2 人

問 2：　ブラジルについていろいろなことがわかりましたか？(Content 内容)
→「とてもそう思う」46 人,「そう思う」3 人

問 3：　今日の授業についての英語を聞いたり，言ったりできましたか？ (Communication 言語)
→「とてもそう思う」27 人,「そう思う」13 人，未回答 9 人

問 4：　ブラジルクイズを一生懸命考えたり，日本とのちがいや似ているところがわかりましたか？ (Cognition 思考)
→「とてもそう思う」42 人,「そう思う」5 人,「思わない」1 人，未回答 1 人

問 5：　みんなで協力したり，ブラジルについてもっと知りたいと思いましたか？ (Community/Culture 協学／文化)
→「とてもそう思う」41 人,「そう思う」5 人,「思わない」1 人，未回答 2 人

肯定的評価が最も少なかったのが問 3 の Communication についてであり，CLIL 授業案としてことばの教育の面が弱かったことがわかる．各グループ

にはゼミ学生が一人ずつついていたのであるから，そこでもっと個別にことばの指導をする工夫ができればよかったと思う．また，今日の授業でおぼえた英語を書いてもらう欄には，カタカナで「アイライク，アニマル，ポルトギース（Portuguese）」，英語で happy，smile，friends なども書かれていたが，ポルトガル語の挨拶も多く出てきており，言語の目標の定め方があいまいだったことも反省点である．

自由記述では，「みんなで考えたり，みんなでえんそうしたのがたのしかった」，「世界の森が一分間に東京ドーム 2 個分へっていることがわかりました」，「ブラジルのことや英語が学べてたのしかった」，「ポルトガル語のあいさつは男性と女性の言葉がちがうことをはじめてしってビックリした」，「みんなで手形のカードでポスターを作ったのが楽しかった」など Community や Cognition への言及が多くを占めていた．

この児童たちの卒業式直前にもトルコの子どもたちからのビデオメッセージが届き，それを見た児童たちは，「中学に入っても英語をがんばりたい」ということを口々に述べていたという報告を担任教諭から得ている．小学校のときに，英語を使い，外国の子どもたちと意義あるテーマについて交流する体験を持った児童は，その後の英語学習により意欲的に取り組むという仮説に関して，筆者（坂本）はさらに研究を続けていく予定である．

4.3.　エラスムス・プラス

エラスムス・プラスは，2014 年から 2020 年を対象とした，教育・訓練・青少年・スポーツのための EU の新しいプログラムである．本章の理論編でヨーロッパにおいて欧州評議会が「異文化間コミュニケーション能力（ICC：Intercultural Communicative Competence）」を重視していることが述べられているが，EU の子どもたちが国際交流するエラスムス・プラスのプロジェクトがあり，筆者（坂本）はそのメンバーとなり，ハンガリーとポーランドで実施された先生と子どもたちが集まるミーティングに参加することができた．

“Let’s create a more healthy Europe!” というテーマのもと，ポーランド，ハンガリー，フィンランド，フランス，ベルギー，イングランド，トルコの

7か国の先生と小学6年生の子どもたちが英語を用いながら教科横断型の学習を進め，ポスターやカレンダー作りをしてそれを交換しあい，子どもたちは訪問する先々の国の家庭にホームステイをし，現地の学校に1週間通う．最初は距離をおいていた子どもたちが英語を使いながら少しずつ仲良くなっていく様子を見て，先生たちは実にうれしそうであった．

この体験を得た子どもたちの異文化間コミュニケーション能力の伸長をどのように計測するのか先生方に尋ねてみたが，子どもにインタビューをして質的調査をすることが中心になるとの回答であった．トルコの子どもたちがこのミーティング参加後に英語で書いた感想を見たところ，英語力は日本の中学2年生，3年生に相当するものであった．EU が資金を出してこのような教育実践がなされていることは日本でももっと紹介されてしかるべきであろう．日本の小学校の子どもたちも，ビデオレターや絵手紙の交換からさらに一歩進んで，外国の子どもたちと直接触れ合える機会がふえていくことが望まれる．

内容・教材 Content	指導者の言語活動 Communication	児童の言語活動 Communication	思考活動 Cognition	協学 / 文化 Community/ Culture	評価の観点 Evalu-ation
始めの挨拶（2分）	Hello, everyone. How are you? My name is ~ … Nice to meet you !	Hello! I'm fine Nice to meet you, too!	応用	Class	関心
導入（8分）PPT を使い，国の位置や国旗などについてのクイズにグループで答えながら，ブラジル	I lived in Brazil for 3 years. This is the photo of the Iguazu Falls. It is world heritage.		理解	Class	関心
	What do you know about Brazil?	Soccer Samba Amazon	記憶	Class	関心
	That's right! Where is Brazil? Talk to your group members. Raise your ABC cards! That's right!	B!	記憶	Group	関心
	Which is the national flag of Brazil? That's right!	C!	記憶	Group	関心

がどんな国か理解.	A is Argentina. B is Mexico. C is Brazil! Let's say the names of these countries!	Argentina Mexico Brazil	理解	Class	外国語表現への慣れ親しみ
ブラジルの国旗の色からアマゾン熱帯雨林を導入.	Which color is the most used in the national flag of Brazil?	Green	理解	Class	関心
	Yes. What does green mean?	自然	推測	Class	関心
	That's right! Nature! Let's say, "Nature."	Nature	理解	Class	外国語表現への慣れ親しみ
	Brazil has a big rain forest. Do you know that? Correct!	Amazon	記憶	Class	関心

参考文献

Byram, Michael and Michael Fleming (1998) *Language Learning in Intercultural Perspective*, Cambridge University Press, Cambridge.

カルトン・フランシス，堀晋也訳（2015）「異文化間教育とはなにか」『異文化間教育とはなにか―グローバル人材育成のために―』，西山教行・細川英雄・大木充（編），9–21，くろしお出版，東京．

Coyle, Do, Philip Hood and David Marsh (2010) *CLIL: Content and Language Integrated Learning*, Cambridge University Press, Cambridge.

池田真（2013）「CLIL の原理と指導法」『英語教育』第 62 巻第 3 号，12–14.

自治体国際化協会（2018）「JET とは」『JET PROGRAMME (The Japan Exchange and Teaching Programme)』<http://jetprogramme.org/ja/about-jet/>

物井尚子（2015）「日本人児童の WTC モデルの構築―質問紙調査から見えてくるもの―」『JASTEC 研究紀要』第 34 号，1–20.

日本放送協会（2018）「クレヨンから消えた "肌色"」『NHK New Web 2018 年 5 月 25 日』<https://www3.nhk.or.jp/news/html/20180525/>

坂本ひとみ・滝沢麻由美（2016）「福島とトルコの子どもを結ぶ英語環境教育プロジェクト―CLIL によって WTC を高める試み―」『東洋学園大学紀要』第 24 号，163–180.

Yashima, Tomoko (2002) "Willingness to Communicate in Second Language: The Japanese EFL Context," *The Modern Language Journal* 86, 54–66.

索　引

1. 日本語は五十音順に並べてある．英語（などで始まるもの）はアルファベット順で，最後に一括してある．
2. 〜は直前の見出し語を代用する．
3. 数字はページ数を示し，n は脚注を表す．

［あ行］

アイアーン（iEARN）　197, 197n
あいさつ（greeting）　83, 89–92
あいづち（back channeling）　83–88
あいまい母音　27
アウター・サークル（Outer circle）　166, 192
アウトプット（output）　120–122, 124–133
アウトプット仮説　102, 112
誤り（errors）　101, 112, 113
アルファベット　14
暗示的知識（implicit knowledge）　2, 3, 102, 104
言いよどみ（hesitation noise/gap filler）　83, 85
『イギリス民衆の古事物記録』（ブランド）　146
一語一義主義の問題点　59
イディオム（idiom）　52, 53
いとまごい　94
異文化間教育　175–179, 190
異文化間コミュニケーション能力（ICC: Intercultural communicative competence）　170, 174–177, 174n, 180, 183, 193, 199, 200
異文化間能力　174, 174n
異文化理解と外国語教育モデル　165
意味交渉　113
イメージづけ　64, 65
インタラクション仮説　102, 112, 113
インテイク（intake）　111–114, 120–122, 125, 127, 129
インナー・サークル（Inner circle）　166, 192
インプット（input）　120–133
インプット仮説　102, 103, 110, 111, 113, 114, 123
英語の単母音　10
英発音（イギリス系発音）　11, 24, 28, 29
エクスパンディング・サークル（Expanding circle）　166, 192
絵本
　〜の選び方　156, 157
　〜の読み聞かせ効果　152–156
　〜の読み聞かせテクニック　157–159
　〜を読み終わった後の活動　160, 161
　〜を読み聞かせ前の活動　159
　〜を読んでいる間の活動　160
エラスムス・プラス　199, 200
大文字の C の文化　172
音声構造　18
音節（syllable）　11, 14, 16, 17, 19, 40, 46

[か行]

[さ行]

Development)　196
舌 (tongue)　8-11, 18, 24-35, 37-40
～の位置　9
自動化 (automatization)　122, 123, 129
市民性 (シティズンシップ, citizenship)　176, 178-180
終結前信号 (pre-closing sugnal)　95
習得順序 (acquisition order)　101-104, 106
主観的文化　172
受動的語彙　59
主要部　51
使用頻度　57, 60
処理可能性理論 (processability theory) 102, 104-106, 108
新情報 (new information)　95
心的辞書 (メンタルレキシコン) (mental lexicon)　59, 58
声帯 (vocal cords)　7
精緻化 (elaboration)　3
接尾辞　49
ゼロ接尾辞　49, 50
相 (進行相, 完了相)　76, 77
相互文化的市民性 (intercultural citizenship)　175
相互文化理解　190
側音 (lateral)　13
そり舌音 (retroflex)　13
存在文 (日本語の基本文型)　69, 74

[た行]

多感覚でのインプット　185
多義語性　65
多義性　61
他者性　175, 176
脱落　19
多様性　185, 186
タルタリアンタブレット　177n
単母音　10
談話辞　73
談話標識 (discourse marker)　84
知覚 (apperception)　120, 121, 124
地球市民教育　196
チャンク (chunk)　2, 107, 109
中間言語　101
抽象語彙　58
調音 (articulation)　8
調音位置 (place of articulation)　12, 13, 32
調音様式 (manner of articulation)　12
長短　15
沈黙 (silence)　84
対義語　58
綴り字　59
つなぎ語　84
定冠詞　62
定型表現 (formula/formulaic sequence)　2, 3
低コンテクスト (low-context)　84
転換 (conversion)　49, 50
ドイル, リチャード (挿絵画家)　139
同義語　54, 58, 63
動機づけ　167, 168, 185, 186, 193
統合 (integration)　113, 114, 120-122, 125, 129
動詞の変化 (現在形, 過去形)　75, 76
動詞文 (日本語の基本文型)　74

[な行]

内在的文法　68-70
内発的動機づけ　166
内容言語統合型学習法 (Content and Language Integrated Learning)　178, 179

内容を重視した言語指導(Content-based Language Teaching) 178
『夏の夜の夢』(シェークスピア) 143-145
二重母音 (diphthong) 11
二重モードシステム (dual-mode system) 108, 109
日英両語の母音体系の比較 10
日本語の母音 10
認知言語学 (cognitive linguistics) 55
『ネバーランド』(映画) 150n
能動的語彙 59

[は行]

歯 (tooth) 28, 31, 32, 36, 37
歯型 (dental model) 24, 25, 27
歯茎 (teethridge) 9, 13, 28, 33, 34, 37-40
破擦音 (affricate) 13
発音器官 7
発音の物差し 26, 27, 29
発達段階 (developmental sequence) 101-104, 106
発話 (utterance) 87
パラ言語学的動作 (paralinguistic indication) 86
バリ, J. M. (劇作家・小説家) 147
破裂音 (plosive (consonant)) 13, 32
般化 (generalization) 3
半母音 (semivowel) 8, 10, 11
『ピーターとウェンディ』(バリ) 149, 150
鼻音 (nasal (consonant)) 9, 13, 30
非言語コミュニケーション 175, 185
鼻濁音 30
否定証拠 (negative evidence) 110
品詞 59, 73, 74
ブートストラップ (bootstrap) 3
ファーストネーム (first name) 92, 93
フィードバック (feedback) 110-113, 122, 126-129
『フェアリーテイル』(映画) 150n
複言語・複文化主義 176
複合形容詞 52
複合語 50, 51
普通可算名詞 61, 62
不定冠詞 62
フラットスタンレー・プロジェクト 167n, 168
ブランド, ジョン (古事物研究家) 146
文化の氷山モデル 172n
文型 74, 75
『ベーオウルフ』 142, 143
米発音 (北米系発音) 11, 24, 27-29, 34
並列構造 46
母音 (vowel) 6, 8-12, 14, 16-20, 26-29, 34, 37, 40
母音挿入 20
法 (直説法, 仮定法) 77, 78
ポーズ (pause) 84
母語 (mother tongue) 68, 100

[ま行]

摩擦音 (fricative) 13
民俗学の誕生 146, 147
無声音 (voiceless sound) 8
無標 (の) (unmarked) 45
明示的知識 (explicit knowledge) 2, 3, 102, 104
明示的文法 68-70
名詞のパタン 79-80
名詞文 (日本語の基本文型) 69, 74
メタファー論 (metaphor) 55
文字 122, 129-132, 177

～と発音　14
モニターモデル　102, 103, 110

[や行]

8つのC　178
やりとり　64
有声音（voiced sound）　8
有標（の）（marked）　45
ユネスコ・スクール　196
容器のメタファー（container metaphors）　55
『妖精学入門』（井村）　140
「妖精にさらわれた子供」（レ・ファニュ）　142
『妖精の国で』（ドイル）　139
用法基盤理論（usage-based theory）　102, 108, 110
抑揚（intonation）　8, 14, 16, 40
4つのC　178

[ら行・わ]

理解（comprehension）　120–125
リキャスト（recast, corrective recast）　127
リズム　14
流暢さ　129
流暢性（fluency）　122, 129
類義語　58, 63
類推（analogy）　3
レ・ファニュ，ジョセフ・シェリダン（小説家）　142
話題（topic）　95

[英語]

e-Pals　194, 194n
IPA　18, 21
JET プログラム　192
PPP　117–120, 125
practice　118–120
presentation　118–120
production　118, 119
there is a book on the table（文型）　74, 75

執筆者紹介

（掲載順）

板垣　信哉（いたがき　のぶや）1951年生まれ.
尚絅学院大学 特任教授. 専門分野は英語教育, 心理言語学.
主要業績：*Lingua, Journal of Psycholinguistic Research, ARELE, System* などの論文.

御園　和夫（みその　かずお）1942年生まれ.
関東学院大学 名誉教授. 専門分野は英語学, 英語音声学, 英語教授法.
主要業績：*Vowel Space in English: Regional Variants and their Perception by Japanese Learners of English*（北星堂, 2007),『英語発音指導マニュアル』（編集主幹, 共著, 北星堂, 2009）など.

冨田　かおる（とみた　かおる）1957年生まれ.
山形大学人文社会科学部 教授. 専門分野は音声学.
主要業績:『心理言語学（朝倉日英対照言語学シリーズ発展編 2)』（共著, 朝倉書店, 2017), Applied Studies on Ability of Analyzing English Sounds with Visualized Vowel Spaces（山形大学人文社会科学部叢書 XII）（単著, 山形大学人文社会科学部, 2018）など.

松坂　ヒロシ（まつさか　ひろし）1948年生まれ.
早稲田大学 名誉教授. 秀明大学 客員教授. 専門は英語音声学, 英語教育.
主要業績：単著『英語音声学入門』（研究社, 1986), 共編著『英語発音指導マニュアル』（編集主幹御園和夫, 北星堂, 2009), 共訳『議論学への招待：建設的なコミュニケーションのために』（著者ファン・エイムレン, スヌック・ヘンケマンス, 共訳者鈴木健, 大修館, 2018）など.

米倉　綽（よねくら　ひろし）1941年生まれ.
京都府立大学 名誉教授. 専門分野は英語史・歴史英語学.
主要業績："Some Considerations of Affixal Negation in Shakespeare" (Studies in Middle and Modern English: Historical Variation, Kaitakusha, 2017),『英語学が語るもの』（共編, くろしお出版, 2018),『言語の獲得・進化・変化』（言語研究と言語学の進展シリーズ 3）（共著, 開拓社, 2018), など.

西原　哲雄　（にしはら　てつお）1961 年生まれ．［編者］
宮城教育大学教育学部 教授．専門分野は音声学，音韻論，形態論．
主要業績：『現代言語理論の最前線』（共著・共編，開拓社，2017），『言語の構造と分析』（言語研究と言語学の進展シリーズ 1）（共著・共編，開拓社，2018），『英語研究と言語研究』（共著・編集，朝倉書店，2018）など．

八木　克正　（やぎ　かつまさ）1944 年生まれ．
関西学院大学 名誉教授．博士．専門分野は現代英語の文法，語法，フレイジオロジー．
主要業績：『英語にまつわるエトセトラ』（研究社，2018），『熟語本位英和中辞典 新版』（斎藤秀三郎著・豊田実増補・八木克正校注，岩波書店，2016），『斎藤さんの英和辞典 ― 響きあう日本語と英語を求めて』（岩波書店，2016）など．

高橋　潔　（たかはし　きよし）1954 年生まれ．
宮城教育大学教育学部 教授．専門分野は英語学（意味論・語用論・統語論），日英語対照言語学．
主要業績：『英語教育学大系第 8 巻　英語研究と英語教育 ― ことばの研究を教育に生かす ―』（第 3 章「生成文法と構文指導」担当，大修館書店，2010），『教養のための言語学』（共著，晃学出版，2011），『ときどき笑える TOEIC® Test 英文法　200 問』（共著，晃学出版，2013），『現代言語理論の概説』（共著，鷹書房弓プレス，2014）など．

酒井　英樹（さかい　ひでき）
信州大学学術研究院教育学系 教授．専門分野は第二言語習得，英語教育学．
主要業績：『「学ぶ・教える・考える」ための実践的英語科教育法』（共著・共編，大修館書店，2018），『小学校で英語を教えるためのミニマム・エッセンシャルズ　小学校外国語科内容論』（共著・共編，三省堂，2017）『小学校の外国語活動　基本の「き」』（大修館書店，2014）など．

内野　駿介　（うちの　しゅんすけ）1990 年生まれ．
北海道教育大学札幌校 特任講師．専門分野は第二言語習得，小学校英語教育．
主要業績：「小学 5, 6 年生の文法知識 ― 文法性判断課題，メタ言語知識課題の結果から ―」（『JES Journal』第 19 号，2019），“Reconsidering Vocabulary in Picture Card Sets: Do they Contain the Words that Pupils Want to Use?”（『JES Journal』第 16 号，2016）など．

鈴木　渉　（すずき　わたる）1977 年生まれ．［編者］
宮城教育大学教育学部 准教授．専門分野は英語教育学，第二言語習得研究，応用言語学.

主要業績：『実践例で学ぶ第二言習得研究に基づく英語指導』（編著，大修館書店，2017），『コア・カリキュラム対応 小・中学校で英語を教えるための必携テキスト』（共著，東京書籍，2019 年），『小学校英語指導の実際 ― 明るく，楽しく，確かな指導のために ―』（編著，美巧社，2017 年）など.

竹森　徹士（たけもり　てつし）1967 年生まれ.

宮城教育大学教育学部 教授．専門分野は英文学.

主要業績：「J. S. Le Fanu, "Green Tea" における語り手ヘッセリウス」（『島根県立島根女子短期大学紀要』第 44 号，2006），「Graded Readers を用いた読書ゼミ ― 英語の多読，物語の多読 ―」（『宮城教育大学外国語研究論集』第 8 号，2015）．翻訳にエドワード・W・サイード『収奪のポリティックス』（共訳，NTT 出版，2008）など.

根本　アリソン（ねもと　ありそん）1966 年生まれ.

宮城教育大学教育学部 特任教授．専門分野は児童英語，本の読み聞かせ活動，アクティブラーニング.

主要業績："Putting an Active Learning Approach into Practice: The Case Study of a Primary School English Classroom in Japan"（『宮城教育大学紀要』第 50 号，2016），"Examining Pupils' Image of English, before and after Short Storytelling Sessions, in a Japanese Primary School"（『宮城教育大学紀要』第 51 号，2017），"Getting Ready for 2020: Changes and Challenges for English Education in Public Primary Schools in Japan"（The Language Teacher, Volume 42, Number 4，2018）など.

安達　理恵（あだち　りえ）

愛知大学地域政策学部 教授．学術博士．専門は外国語教育，異文化間教育.

主要業績："The Challenges in Achieving Globalization through English Language Learning in Japan: A Focus on Elementary Schools"（Current Issues in Second/Foreign Language Teaching and Teacher Development, In G. Christina and A. Thomaï, (Eds.), Cambridge Scholars Publishing）など.

山野　有紀（やまの　ゆき）

宇都宮大学教育学部 准教授．専門分野は英語教育学，外国語教授法研究，児童英語教育.

主要業績：『CLIL ― 内容言語統合型学習 ― 第 3 巻　授業と教材』（共著，上智大学出版，2016），『小学校英語指導法事典』（共著，教育出版，2017）など.

坂本　ひとみ（さかもと　ひとみ）

東洋学園大学グローバル・コミュニケーション学部 教授．専門分野は小学校英語教育，アメリカ先住民研究．

主要業績：『ことばのスペクトル　越境』（共著，鼎書房，2018），Your World（共著，子どもの未来社，2012），『こころ』（共著，リーベル出版，2008），『アメリカ研究とジェンダー』（共著，世界思想社，1997）など．

小学校英語のためのスキルアップセミナー
── 理論と実践を往還する ──

編　者　　鈴木　渉・西原哲雄
発行者　　武村哲司
印刷所　　日之出印刷株式会社

2019 年 7 月 14 日　第 1 版第 1 刷発行©

発行所　株式会社　開　拓　社
〒 113-0023 東京都文京区向丘 1-5-2
電話　(03) 5842-8900（代表）
振替　00160-8-39587
http://www.kaitakusha.co.jp

ISBN978-4-7589-2273-9　C3082